# CORAGEM!

**Dados Internacionais de Catalogação na Publicação (CIP)**
**(Câmara Brasileira do Livro, SP, Brasil)**

Francisco, Papa (1936 – 2025)
 Coragem! : as razões de nossa esperança / Papa Francisco ; organizado por Anna Maria Foli ; tradução Silvana Cobucci Leite. – 1. ed. – Petrópolis, RJ : Vozes, 2021.

 Título original: Nella Gioia

 1ª reimpressão, 2025.

 ISBN 978-65-5713-260-9

 1. Coragem – Aspectos religiosos – Cristianismo 2. Espiritualidade 3. Motivação 4. Reflexões I. Foli, Anna Maria. II. Título.

21-66377                                             CDD-248.86

Índices para catálogo sistemático:
1. Coragem : Cristianismo   248.86

Maria Alice Ferreira – Bibliotecária – CRB-8/7964

# Papa Francisco

Organizado por ANNA MARIA FOLI

# CORAGEM!

As razões de nossa esperança

Tradução de Silvana Cobucci Leite

EDITORA VOZES

Petrópolis

© 2019 Mondadori Libri S.p.A., Milão
© 2019 Libreria Editrice Vaticana
Publicada por Mondadori Libri S.p.A sob o selo da Piemme
Direitos negociados através da Agência Literária Ute Körner
www.uklitag.com

Tradução realizada a partir do original em italiano intitulado
*Nella Gioia. Le ragioni della nostra speranza*, de Jorge Mario Bergoglio.

Direitos de publicação em língua portuguesa – Brasil:
2021, Editora Vozes Ltda.
Rua Frei Luís, 100
25689-900 Petrópolis, RJ
www.vozes.com.br
Brasil

Todos os direitos reservados. Nenhuma parte desta obra poderá ser reproduzida ou transmitida por qualquer forma e/ou quaisquer meios (eletrônico ou mecânico, incluindo fotocópia e gravação) ou arquivada em qualquer sistema ou banco de dados sem permissão escrita da editora.

| **CONSELHO EDITORIAL** | **PRODUÇÃO EDITORIAL** |
|---|---|
| **Diretor** | Anna Catharina Miranda |
| Volney J. Berkenbrock | Eric Parrot |
|  | Jailson Scota |
| **Editores** | Marcelo Telles |
| Aline dos Santos Carneiro | Mirela de Oliveira |
| Edrian Josué Pasini | Natália França |
| Marilac Loraine Oleniki | Priscilla A.F. Alves |
| Welder Lancieri Marchini | Rafael de Oliveira |
|  | Samuel Rezende |
| **Conselheiros** | Verônica M. Guedes |
| Elói Dionísio Piva |  |
| Francisco Morás |  |
| Teobaldo Heidemann |  |
| Thiago Alexandre Hayakawa |  |
| **Secretário executivo** |  |
| Leonardo A.R.T. dos Santos |  |

*Diagramação*: Sheilandre Desenv. Gráfico
*Revisão gráfica*: Nilton Braz da Rocha
*Capa*: Rafael Nicolaevsky

ISBN 978-65-5713-260-9 (Brasil)
ISBN 978-88-566-6312-9 (Itália)

Este livro foi composto e impresso pela Editora Vozes Ltda.

*Neste momento histórico particular, marcado por muitas sombras, a figura de Dante, profeta da esperança, pode ajudar-nos a avançar com serenidade e coragem na peregrinação da vida e da fé que todos somos chamados a fazer.*

*25 mar. 2021*

# Sumário

Do medo à coragem, 11
    Não ter medo, 13
    Confiemos em Deus, 13
    Cristãos corajosos, 14
    Perto da cruz, 15
    Coragem e paciência, 17
    Livres e corajosos, 17
    A coragem de arriscar, 18
    Navegar em mar aberto, 19
    Além do medo, 20
    A alegria da consolação, 20
    A vitória sobre o medo, 22

Do vazio interior à fé, 23
    Confiança em Deus, 25
    Caminho de fé, 26
    Crise de fé, 27
    Caminhar sobre as águas, 28
    Conversão, 30
    O encontro da vida, 32
    Acolher a fé, 33
    Chamados por Deus, 34
    De pé e a caminho, 34

Do cansaço ao descanso, 37
    A graça do cansaço, 39
    O repouso dos sacerdotes, 40
    O carinho de Maria, 41
    O cansaço da viagem, 42
    Trabalho e oração, 43
    Amor paciente, 45
    Fortalecidos por Cristo, 46
    Repouso espiritual, 47
    O valor da festa, 48
    Cheiro de ovelhas, 49
    O tempo do descanso, 51

Do ódio à amizade, 53
    Do deserto à floresta, 55
    Buscar um acordo, 56
    O oxigênio da fraternidade, 57
    O hábito do diálogo, 58
    Paternidade e fraternidade, 60
    O ódio não vencerá, 61
    Como São Francisco, 62

Da tentação à salvação, 65
    A serpente e a cruz, 67
    Armados da Palavra de Deus, 68
    O diabo e a carteira, 69
    O diabo fora de moda, 70
    A coragem de resistir, 71
    Sempre vigilantes, 73
    O engano do tentador, 74
    Contra a divisão, 75
    A luta entre anjos e demônios, 76
    A bomba dos boatos, 77

Do pecado ao perdão, 79
    De braços abertos, 81
    Pecadores e corruptos, 82
    Pecado e esperança, 83
    A dignidade de se reerguer, 85
    A festa do perdão, 86
    O pai misericordioso, 88
    A graça da vergonha, 89
    Apesar das "recaídas", 90
    Aquele pequeno passo, 92
    A fragilidade do barro, 93
    A prisão do pecado, 94

Da depressão ao amor pela vida, 95
    A âncora do Senhor, 97
    O "sofá-felicidade", 97
    O pecado da preguiça, 98
    Opor-se ao vazio, 99
    O banquete, 100
    "Levante-se e saia", 100
    Raízes secas, 102
    Anestesia espiritual, 103
    Apatia, 104
    A resignação dos consagrados, 105
    Não se render, 106
    Globalização da indiferença, 108
    Oração, caridade, conversão, 109
    Deixemo-nos sacudir, 109
    Dar sentido ao tempo, 110

Da fraqueza à força, 113
    Fortes na fraqueza, 115
    O segredo da felicidade, 116

A força de anunciar, 118
Fracos, mas corajosos, 119
A ajuda da graça, 120
A presença de Maria, 121
O irmão forte, 123

Da violência à paz, 125
A revolução da não violência, 127
Construir a paz, 128
Da fraternidade à paz, 129
O direito à paz, 130
Sementes de paz, 131
A guerra acabou!, 133
Promotores da paz, 133
Paz e alegria, 135

Da aparência à verdade, 137
Espiritualidade da cosmética, 139
A escravidão da aparência, 140
A verdadeira vida, 141
Os biscoitos da avó, 142
Verdade e justiça, 144
A coragem da verdade, 145
Espírito de verdade, 145
Sepulcros caiados, 146

# *Do medo à coragem*

*A verdadeira caridade exige um pouco de coragem: vamos superar o medo de sujar as mãos para ajudar os mais necessitados.*

Twitter, *21 de setembro de 2013*

## Não ter medo

Sentimos dirigidas a cada um de nós as palavras de Jesus: "Saia do congestionamento da tristeza sem esperança; desate as amarras do medo que impedem o caminho; diante dos laços das fraquezas e das inquietações que o bloqueiam, repita que Deus desata os nós".

Seguindo Jesus, aprendemos a não amarrar as nossas vidas aos problemas que se emaranham: sempre haverá problemas, sempre, e quando resolvemos um, logo em seguida vem outro. No entanto, podemos encontrar uma nova estabilidade, e essa estabilidade é precisamente Jesus, essa estabilidade se chama Jesus, que é a ressurreição e a vida: com Ele, a alegria habita o coração, a esperança renasce, o sofrimento se transforma em paz, o medo em confiança, a provação em oferta de amor. E, ainda que não faltem tribulações, sua mão sempre estará lá para nos reerguer, sua Palavra que encoraja e diz a todos nós, a cada um de nós: "Saia! Venha até mim!" Diz a todos nós: "Não tenham medo".

*Homilia*, 2 de abril de 2017

## Confiemos em Deus

Caros irmãos e irmãs, nunca coloquemos condições para Deus, mas, ao contrário, deixemos que a esperança vença os nossos temores. Confiar em Deus significa entrar nos seus desígnios sem pretender nada, aceitando até mesmo que sua salvação e sua ajuda cheguem a nós contrariando nossas expectativas. Pedimos ao Senhor vida, saúde, amor, felicidade; e é justo fazê-lo, mas sem esquecer que Deus sabe obter vida até da morte, que se pode experimentar a paz até na doença, e que pode existir serenidade até na solidão e felicidade até no pranto.

Não somos nós que podemos ensinar a Deus o que Ele deve fazer, aquilo de que necessitamos. Ele sabe melhor do que nós, e devemos confiar nele, porque seus caminhos e seus pensamentos são diferentes dos nossos.

*Audiência geral*, 25 de janeiro de 2017

## Cristãos corajosos

Os medrosos são os da manhã da ressurreição, os de Emaús, que vão embora, porque têm medo; são os apóstolos que se fecham no Cenáculo por medo dos judeus; são até aquelas boas mulheres que choram, como Maria Madalena em lágrimas porque levaram o corpo do Senhor.

Aliás, os medrosos são assim: temem ao pensar na ressurreição. E os apóstolos, diante de Jesus que apareceu no Cenáculo, também ficaram assustados, temendo ver um fantasma.

Portanto, é preciso recuperar a consciência de que Jesus é o Ressuscitado. E por isso os cristãos são chamados, sem temor, sem medo e sem triunfalismo, a olhar para a sua beleza, a pôr o dedo nas chagas e a mão no lado do ressuscitado, daquele Cristo que é o todo, a totalidade; Cristo que é o centro, Cristo que é a esperança, porque é o esposo, é o vencedor. E um vencedor refaz toda a criação.

No Evangelho de Lucas (6,12-19), Jesus está entre a multidão de homens e mulheres que acorreram "para ouvi-lo e ser curados de suas doenças. Até os que eram atormentados por espíritos impuros ficavam sãos". Por isso, "toda a gente procurava tocar nele, porque dele saía uma força que curava a todos".

Nisso está a premissa da vitória final de Cristo, o qual cura todo o universo, é a sua ressurreição. Eis por que é preciso redescobrir a beleza de ir até o Ressuscitado, deixando-se tocar por Ele, por sua força.

*Homilia na Capela da Casa Santa Marta,*
*10 de setembro de 2013*

## Perto da cruz

A cruz dá medo. Mas seguir Jesus significa inevitavelmente aceitar a cruz que se apresenta diante de cada cristão. E a Nossa Senhora – que sabe, por ter experimentado, como estar ao lado da cruz – temos de pedir a graça de não fugir diante dela, mesmo se a tememos.

No momento do triunfo, Jesus de alguma maneira anuncia a sua Paixão. No entanto, os discípulos estavam tão dominados pelo clima de festa que não entenderam essas palavras; eram tão misteriosas para eles, que não apreenderam seu sentido e não pediram explicações. Melhor não falar disso, portanto, melhor não entender a verdade. Tinham medo da cruz.

Na verdade, Jesus também tinha medo dela; mas Ele não podia se iludir. Ele sabia. E seu medo era tanto que naquele dia de quinta-feira suou sangue. Chegou a pedir a Deus: "Pai, afasta de mim este cálice"; mas, acrescentou, "seja feita a tua vontade". E essa é a diferença.

Isso é o que acontece também quando nos empenhamos no testemunho do Evangelho, no seguimento de Jesus. Estamos felizes, mas não nos perguntamos mais nada, não falamos da cruz. No entanto, assim como existe a "regra de que o discípulo não é maior do que o mestre", também existe a regra de que não há redenção sem a efusão de sangue. E não há trabalho apostólico fecundo sem a cruz. Cada um de nós talvez pense: "E o que vai acontecer comigo? Como será a minha cruz?"

Não sabemos, mas ela existirá, e temos de pedir a graça de não fugir da cruz quando ela vier. Sem dúvida, ela nos dá medo, mas o seguimento de Jesus termina precisamente nela.

É por isso que os discípulos receavam lhe fazer perguntas. Quem estava mais perto de Jesus na cruz era sua mãe. Talvez hoje, dia em que dirigimos a ela as nossas orações, seja bom pedir-lhe a graça não de eliminar o medo, porque ele deve existir. Peçamos a ela a graça de não fugir da cruz. Ela estava ali e sabe como se deve estar perto da cruz.

*Homilia na Capela da Casa Santa Marta*,
28 de setembro de 2013

## Coragem e paciência

É preciso coragem, e a coragem é um dom do Espírito Santo. O martírio, a vida cristã martirial e o testemunho cristão não podem ser vividos sem a coragem da vida cristã.

São Paulo usa duas palavras para indicar a vida martirial cristã, a vida de todos os dias: coragem e paciência. Duas palavras. A coragem de seguir em frente e não se envergonhar de ser cristão e de se mostrar como cristão, e a paciência de carregar nos ombros o peso de todos os dias, até as dores, os próprios pecados, as próprias incoerências.

Mas podemos ser cristãos com os pecados? Sim. Todos somos pecadores, todos. O cristão não é um homem ou uma mulher que tem a assepsia dos laboratórios, não é como a água destilada! O cristão é um homem ou uma mulher capaz de trair o próprio ideal com o pecado, é um homem ou uma mulher frágil.

Mas devemos nos reconciliar com nossa fragilidade. E assim o nariz [o aspecto] se torna um pouco mais humilde.

*Discurso*, 18 de junho de 2016

## Livres e corajosos

Para seguir Jesus precisamos ter uma dose de coragem, precisamos nos decidir a trocar o sofá por um par de sapatos que nos ajudem a caminhar por estradas jamais sonhadas nem imaginadas, por estradas que podem abrir novos horizontes, capazes de transmitir alegria, aquela alegria que nasce do amor de Deus, a alegria que deixa em nosso coração cada gesto, cada atitude de misericórdia.

Caminhar por estradas seguindo a "loucura" do nosso Deus que nos ensina a encontrá-lo nos que têm fome, nos que têm sede, nos que não têm nada, no doente, no amigo que fracassou, no detento, no refugiado e no migrante, no vizinho que está sozinho.

Andar pelos caminhos de nosso Deus que nos convida a ser atores políticos, pessoas que pensam, animadores sociais. Que nos estimula a pensar uma economia mais solidária que esta.

Em todos os âmbitos em que estivermos, o amor de Deus nos convida a levar a Boa-nova, fazendo da própria vida um dom a Ele e aos outros. E isso significa ser corajosos, isso significa ser livres!

*Discurso*, 30 de julho de 2016

## A coragem de arriscar

O cristão vive o presente – tantas vezes doloroso e triste – corajosamente ou com paciência. Há duas palavras de que Paulo, e seu discípulo que escreveu esta carta, gostava muito: coragem e paciência. E é curioso que, para dizer paciência, o autor do texto usa uma palavra em grego que significa "suportar"; e coragem é franqueza, dizer claramente as coisas, seguir em frente de cabeça erguida. São duas as palavras que ele usa tanto, tanto: a *parresìa* e a *hypomoné*, a coragem e a paciência.

E a vida cristã é assim. É verdade que todos somos pecadores, alguns antes e alguns depois, e mais tarde, se quiserem, podemos fazer a lista, mas vamos seguir em frente com coragem e com paciência; não fiquemos ali, parados, porque isso não nos fará crescer.

A pusilanimidade é um pecado que não nos deixa ser cristãos, é um pecado que não nos deixa seguir adiante por medo. Por esse motivo, Jesus dizia tantas vezes: "Não tenham medo": precisamente para precaver contra a pusilanimidade e assim encontrar um jeito de não ceder, de não recuar sempre, protegendo demasiadamente a si mesmos por medo de tudo, para não arriscar em nome da prudência.

*Homilia na Capela da Casa Santa Marta,*
*27 de janeiro de 2017*

## Navegar em mar aberto

O católico não deve ter medo do mar aberto, não deve buscar o abrigo de portos seguros.

O Senhor nos chama a sair em missão, a andar ao largo e não a nos aposentar para preservar certezas. Andando ao largo sempre se encontram tempestades e pode haver ventos contrários.

E, no entanto, a viagem se faz sempre na companhia de Jesus, que diz a seus discípulos: "Coragem, sou eu, não tenham medo!" (Mt 14,27).

*Discurso, 9 de fevereiro de 2017*

## Além do medo

O medo é uma atitude que nos faz mal, nos enfraquece, nos apequena e nos paralisa. Tanto que uma pessoa com medo não faz nada, não sabe o que fazer: está assustada, amedrontada, concentrada em si mesma para que não lhe aconteça nada de mau, de ruim. Assim, o medo leva a um egocentrismo egoísta e paralisa.

Precisamente por isso Jesus diz a Paulo: "Não tenha medo, continue a falar" (At 18,9-18).

De fato, o medo não é uma atitude cristã, mas é uma atitude, podemos dizer, de uma alma aprisionada, sem liberdade, que não tem a liberdade de olhar adiante, de criar algo, de fazer o bem. Por isso quem tem medo continua a repetir: "Não, há este perigo, aquele outro, e mais aquele", e assim por diante. "Que pena, o medo faz mal!"

Um cristão medroso é pouca coisa: é uma pessoa que não entendeu a mensagem de Jesus.

*Homilia na Capela da Casa Santa Marta,*
*15 de maio de 2015*

## A alegria da consolação

O Profeta Isaías se dirige a um povo que atravessou o período obscuro do exílio, que sofreu uma provação muito dura; mas agora para Jerusalém chegou o tempo da consolação; a tristeza e o medo devem dar lugar à alegria: "Alegrai-vos... exultai... enchei-vos de alegria" (Is 66,10).

É um grande convite à alegria. Qual é o motivo desse convite à alegria? Porque o Senhor derramará sobre a Cidade Santa e sobre seus habitantes uma "torrente" de consolação e uma torrente de ternura materna: "Seus lactentes serão levados no colo e acariciados sobre os joelhos" (v. 12).

Como faz a mãe que coloca o bebê no colo e o acaricia, assim o Senhor fará, e faz, conosco. Essa é a torrente de ternura que nos dá tanta consolação. "Como uma mãe consola seus filhos, também eu vos consolarei" (v. 13).

Todos os cristãos, e sobretudo nós, somos chamados a levar esta mensagem de esperança que traz serenidade e alegria: a consolação de Deus, a sua ternura para com todos. Mas só podemos ser portadores dessa consolação se antes experimentamos a alegria de ser consolados por Ele, de ser amados por Ele. Isso é importante para que nossa missão seja fecunda: sentir a consolação de Deus e transmiti-la!

Algumas vezes encontrei pessoas consagradas que têm medo da consolação de Deus, e... coitadas, se atormentam, porque têm medo dessa ternura de Deus. Mas não tenham medo. Não tenham medo, o Senhor é o Senhor da consolação, o Senhor da ternura. O Senhor é pai, e Ele diz que fará conosco como uma mãe faz com sua criança, com sua ternura. Não tenham medo da consolação do Senhor.

O convite de Isaías: "Consolai, consolai o meu povo" (Is 40,1) deve ressoar em nosso coração e transformar-se em missão. Cabe a nós encontrar o Senhor que nos consola e ir consolar o povo de Deus. Essa é a missão.

Hoje as pessoas certamente necessitam de palavras, mas necessitam sobretudo que testemunhemos a misericórdia, a ternura do Senhor, que aquece o coração, que desperta a esperança, que atrai para o bem. A alegria de levar a consolação de Deus!

*Homilia*, 7 de julho de 2013

## A vitória sobre o medo

Seja responsável por este mundo e pela vida de cada ser humano. Pense que toda injustiça contra um pobre é uma ferida aberta e diminui sua própria dignidade. A vida não termina com a sua existência, e neste mundo virão outras gerações que sucederão a nossa, e muitas outras ainda. E todos os dias peça a Deus o dom da coragem.

Lembre-se de que Jesus venceu o medo por nós. Ele venceu o medo! Nosso mais ferrenho inimigo não pode nada contra a fé. E, quando tiver medo diante de alguma dificuldade da vida, lembre-se de que você não vive apenas para si mesmo. No Batismo, sua vida já foi imersa no mistério da Trindade e você pertence a Jesus.

E, se algum dia for tomado pelo pavor ou pensar que o mal é grande demais para ser derrotado, pense simplesmente que Jesus vive em você. E é Ele que, por seu intermédio, com sua bondade, quer derrotar todos os inimigos do homem: o pecado, o ódio, o crime, a violência; todos os nossos inimigos.

*Audiência geral*, 20 de setembro de 2017

# *Do vazio interior à fé*

*A alegria da fé, a alegria do Evangelho é a pedra de toque da fé de uma pessoa: sem alegria, aquela pessoa não é um verdadeiro crente.*

Homilia na Capela da Casa Santa Marta, *26 de março de 2015*

## Confiança em Deus

Fé significa confiar em Deus – quem tem fé confia em Deus –, mas chega uma hora em que, deparando-se com as dificuldades da vida, o homem experimenta a fragilidade daquela confiança e sente necessidade de certezas diferentes, de seguranças tangíveis, concretas. Confio em Deus, mas a situação está bem complicada e preciso de uma certeza um pouco mais concreta. E ali está o perigo!

E então somos tentados a buscar consolações até efêmeras, que parecem preencher o vazio da solidão e aliviar o esforço de acreditar. E pensamos que podemos encontrá-las na segurança que o dinheiro pode oferecer, nas alianças com os poderosos, na mundanidade, nas falsas ideologias. Às vezes as procuramos num deus que possa se submeter aos nossos desejos e magicamente intervir para mudar a realidade e fazer com que ela seja o que queremos que seja; em outras palavras, um ídolo que, como tal, não pode fazer nada, impotente e mentiroso. Mas nós gostamos dos ídolos, e como gostamos!

Certa vez, em Buenos Aires, eu tinha de ir de uma igreja para outra, distantes mais ou menos um quilômetro. E percorri a distância a pé. Há um parque no meio, e no parque havia pequenas mesas, uma infinidade delas, onde estavam sentados videntes. Estava cheio de gente, e as pessoas chegavam a fazer fila. Você lhe mostrava a mão e o vidente começava a ler, mas a conversa era sempre a mesma: há uma mulher em sua vida, uma sombra está chegando, mas tudo ficará bem... E depois se pagava.

E isso lhe dá segurança? É a segurança de uma – permitam-me a palavra – estupidez. Procurar o vidente ou a vidente que leem cartas: isso é um ídolo! Isso é o ídolo, e quando estamos tão apegados a ele surgem falsas esperanças, ao passo que não confiamos tanto naquela esperança que é a esperança da gratuidade, que Jesus Cristo nos trouxe, gratuitamente dando a vida por nós.

O Senhor sempre se lembra. Mesmo nos piores momentos, Ele se lembra de nós. E essa é a nossa esperança. E a esperança não decepciona. Nunca. Nunca. Os ídolos decepcionam sempre: são fantasias, não realidade.

*Audiência geral*, 11 de janeiro de 2017

## Caminho de fé

Toda pessoa é chamada a encontrar o Senhor em sua vida. A fé cristã é um dom que recebemos com o Batismo e que nos permite encontrar Deus. A fé atravessa tempos de alegria e de sofrimento, de luz e de escuridão, como em qualquer autêntica experiência de amor. O relato das bodas de Caná nos convida a redescobrir que Jesus não se apresenta a nós como um juiz pronto a condenar as nossas culpas, nem como um comandante que nos obriga a seguir cegamente as suas ordens; manifesta-se como Salvador da humanidade, como irmão, como o nosso irmão mais velho, Filho do Pai: apresenta-se como Aquele que responde às expectativas e às promessas de alegria que habitam o coração de cada um de nós.

Então podemos nos perguntar: realmente conheço o Senhor assim? Sinto-o próximo de mim, da minha vida? Estou lhe respondendo em sintonia com aquele amor esponsal que Ele manifesta todos os dias a todos, a cada ser humano?

Trata-se de perceber que Jesus nos procura e nos convida a lhe dar lugar no íntimo de nosso coração. E nesse caminho de fé com Ele não somos deixados sozinhos: recebemos o dom do Sangue de Cristo.

*Angelus*, 17 de janeiro de 2016

## Crise de fé

Eis a pergunta atrevida: "Já esteve em crise com sua fé?" Isso é pergunta que se faça ao papa?! Que coragem a de vocês! "Onde e como encontrou um jeito de se reerguer, de não se cansar e continuar no seu mandato, primeiro como leigo e depois como consagrado?"

Muitas vezes entro em crise com a fé e algumas vezes tive até a desfaçatez de recriminar Jesus: "Mas por que permites isto?", e até duvidar: "Mas será esta a verdade, ou será um sonho?" E isso quando era jovem, quando era seminarista, padre, religioso, bispo e papa. "Mas como o mundo pode ser assim, se deste a tua vida? Mas isso não será uma ilusão, um pretexto para nos consolar?"

Um cristão que algumas vezes não tenha sentido isso, cuja fé não entrou em crise, carece de algo: é um cristão que se contenta com um pouco de mundanidade e assim segue sua vida. Disseram-me – porque não sei chinês, tenho muitas dificuldades com as línguas... –, não sei chinês, mas me disseram que a palavra crise, em chinês, se escreve com dois ideogramas: um é o ideograma risco e o outro o ideograma oportunidade. É verdade.

Quando alguém entra em crise – como quando Jesus disse a Pedro que o diabo o teria colocado em crise ["joeirado"] como se faz com o trigo, e muitas vezes o diabo, a vida, o próximo, muitas pessoas nos fazem "pular" como o trigo, nos colocam em crise –, há sempre um perigo, um risco, um risco não no bom sentido, e uma oportunidade.

O cristão – isso eu aprendi – não deve ter medo de entrar em crise: é um sinal para que continue, pois não está ancorado à margem do rio ou do mar, está em alto-mar e deve seguir em frente. E ali estão os problemas, as crises, as incoerências, e a crise do próprio pecado, que nos faz sentir tanta vergonha. E como não se cansar?

É uma graça. Peça-a ao Senhor: "Senhor, não permita que me canse. Dê-me a graça da paciência, de seguir em frente, de esperar que venha a paz".

*Discurso*, 18 de junho de 2016

## Caminhar sobre as águas

O Evangelho de Mateus (Mt 14,22-33) descreve o episódio de Jesus que, depois de ter rezado a noite inteira na margem do lago da Galileia, se dirige para a barca de seus discípulos caminhando sobre as águas.

Esse relato contém um rico simbolismo e nos leva a refletir sobre nossa fé, quer como indivíduos, quer como comunidade eclesial.

A comunidade, esta comunidade eclesial, tem fé? Como é a fé em cada um de nós e a fé da nossa comunidade? A barca é a vida de cada um de nós, mas é também a vida da Igreja; o vento contrário representa as dificuldades e as provações. A invocação de Pedro: "Senhor, manda-me ir ao teu encontro sobre as águas" e o seu grito "Salva-me, Senhor!" se parecem tanto com o nosso desejo de sentir a proximidade do Senhor, mas também com o medo e a angústia que acompanham os momentos mais duros de nossa vida e das nossas comunidades, marcada por fragilidades internas e por dificuldades externas.

Naquele momento, para Pedro não foi suficiente a palavra segura de Jesus, que era como a corda estendida à qual agarrar-se para enfrentar as águas hostis e turbulentas. É o que pode acontecer também conosco. Quando não nos agarramos à palavra do Senhor, para ter mais segurança muitos consultam horóscopos e cartomantes, começam a afundar. Isso significa que a fé não é tão forte.

O Evangelho nos lembra que a fé no Senhor e na sua palavra não nos abre um caminho onde tudo é fácil e tranquilo; não nos livra das tempestades da vida. A fé nos dá a segurança de uma presença, a presença de Jesus, que nos impele a superar as tormentas existenciais, a certeza de uma mão que nos segura para nos ajudar a enfrentar as dificuldades, indicando-nos o caminho mesmo quando está escuro. A fé, em suma, não é um subterfúgio para os problemas da vida, mas sustenta no caminho e lhe dá um sentido.

Esse episódio é uma imagem maravilhosa da realidade da Igreja de todos os tempos: uma barca que, ao longo da travessia, tem de enfrentar até ventos contrários e tempestades, que ameaçam virá-la. O que a salva não é a coragem e as qualidades dos seus homens: a garantia contra o naufrágio é a fé em Cristo e na sua palavra. Esta é a garantia: a fé em Jesus e na sua palavra. Nesta barca estamos seguros, não obstante nossas misérias e fraquezas, sobretudo quando nos colocamos de joelhos e adoramos o Senhor.

*Angelus*, 13 de agosto de 2017

## Conversão

Na sua pregação que convidava à conversão, João Batista dizia assim: "Uma voz que clama no deserto: Preparai o caminho do Senhor" (Mt 3,3). É uma voz que clama onde parece não haver ninguém capaz de ouvir – mas quem pode ouvir no deserto? –, que clama na desorientação devida à crise de fé.

Não podemos negar que o mundo de hoje está em crise de fé. As pessoas dizem "Acredito em Deus, sou cristão"; "Sou de tal religião...". Mas a vida delas está bem distante do ser cristão; está bem distante de Deus! A religião, a fé, foi reduzida a uma expressão: "Eu acredito?" "Sim!"

Mas aqui trata-se de voltar a Deus, de converter o coração a Deus, e de seguir este caminho para encontrá-lo.

Ele nos espera. Esta é a pregação de João Batista: preparar. Preparar o encontro com este Menino que nos devolverá o sorriso. Quando João Batista anuncia a vinda de Jesus, os israelitas pareciam estar ainda no exílio, porque estavam sob a dominação romana, que os transformava em estrangeiros em sua própria pátria, governados por ocupantes poderosos que decidiam as vidas deles. Mas a verdadeira história não é a feita pelos poderosos, e sim a feita por Deus junto com seus pequeninos.

A verdadeira história – aquela que permanecerá para a eternidade – é a história escrita por Deus com seus pequeninos: Deus com Maria, Deus com Jesus, Deus com José, Deus com os pequeninos. Aqueles pequeninos e simples que encontramos ao redor de Jesus que acabou de nascer: Zacarias e Isabel, idosos e marcados pela esterilidade; Maria, jovem virgem prometida como esposa a José; os pastores, que eram desprezados e não contavam nada. São os pequeninos, que se tornaram grandes por sua fé, os pequeninos que sabem continuar a esperar. E a esperança é a virtude dos pequeninos. Os grandes, os satisfeitos, não conhecem a esperança; não sabem o que ela é. São eles, os pequeninos, com Deus, com Jesus, que transformam o deserto do exílio, da solidão desesperada e do sofrimento numa estrada plana onde se pode caminhar para ir ao encontro da glória do Senhor.

Esperemos confiantes a vinda do Senhor, e seja qual for o deserto das nossas vidas – cada um de nós sabe em qual deserto caminha – se tornará um jardim florido.

*Audiência geral*, 7 de dezembro de 2016

## O encontro da vida

Deus nos coloca ao lado das pessoas que ajudam o nosso caminho de fé. Não encontramos a fé no abstrato, não! É sempre uma pessoa que prega, que nos diz quem é Jesus, que nos transmite a fé, nos dá o primeiro anúncio.

Essa é a experiência que os profetas de Israel descreviam dizendo que o Senhor é como a flor da amendoeira, a primeira flor da primavera (cf. Jr 1,11-12). Antes que venham as outras flores, ela está lá: ela, que espera. O Senhor nos espera. E quando nós o buscamos, encontramos esta realidade: é Ele quem nos espera para nos acolher, para nos dar o seu amor. E isso infunde em nosso coração tal assombro que nem acreditamos, e assim a fé vai aumentando! Com o encontro com uma pessoa, com o encontro com o Senhor.

Alguns dirão: "Não, prefiro estudar a fé nos livros!" É importante estudá-la, mas, cuidado, só isso não basta! O importante é o encontro com Jesus, o encontro com Ele, e isso nos dá a fé, porque é precisamente Ele que a infunde em nós! Vocês também falavam da fragilidade da fé, de como fazer para vencê-la. O maior inimigo da fragilidade – isso é curioso, não é? – é o medo. Mas não tenham medo! Somos frágeis, e sabemos disso. Mas Ele é mais forte! Se vamos com Ele, não há problema! Um bebê é muito frágil, mas se está com o pai ou com a mãe está seguro! Com o Senhor, estamos seguros.

A fé cresce com o Senhor, precisamente pela mão do Senhor; isso nos faz crescer e nos torna fortes.

*Discurso*, 18 de maio de 2013

## Acolher a fé

A fé é um dom precioso de Deus, que abre a nossa mente para que o possamos conhecer e amar. Ele quer entrar em relação conosco para nos fazer partícipes da sua própria vida e tornar a nossa vida mais repleta de significado, melhor, mais bonita. Deus nos ama!

No entanto, a fé pede para ser acolhida, ou seja, pede a nossa resposta pessoal, a coragem de nos confiar a Deus, de viver o seu amor, gratos por sua infinita misericórdia. Além disso, é um dom que não está reservado para poucos, mas que é oferecido com generosidade. Todos deveriam poder experimentar a alegria de se sentir amados por Deus, a alegria da salvação!

Esse é um dom que não podemos manter apenas para nós mesmos, mas que deve ser compartilhado. Se quisermos mantê-lo apenas para nós, passaremos a ser cristãos isolados, estéreis e doentes. O anúncio do Evangelho faz parte de ser discípulos de Cristo e é um empenho constante que anima toda a vida da Igreja. Toda comunidade é "adulta" quando professa a fé, a celebra com alegria na liturgia, vive a caridade e anuncia sem cessar a Palavra de Deus, saindo do próprio recinto para levá-la também às "periferias", sobretudo a quem ainda não teve a oportunidade de conhecer Cristo.

A solidez de nossa fé, no âmbito pessoal e comunitário, se mede também pela capacidade de transmiti-la a outros, de difundi-la, de vivê-la na caridade, de testemunhá-la a todos os que nos encontram e compartilham conosco o caminho da vida.

*Mensagem para o Dia Mundial das Missões,*
19 de maio de 2013

## Chamados por Deus

Em torno de Jesus há muitas pessoas que procuram Deus; mas a realidade mais prodigiosa é que, muito antes, há sobretudo Deus que se preocupa com a nossa vida, que deseja elevá-la, e para fazer isso nos chama pelo nome, reconhecendo o rosto pessoal de cada um de nós.

Cada homem é uma história de amor que Deus escreve nesta terra. Cada um de nós é uma história de amor de Deus.

Deus chama cada um de nós pelo próprio nome: nos conhece pelo nome, olha para nós, nos espera, nos perdoa, tem paciência conosco. É verdade ou não? Cada um de nós vive essa experiência.

*Audiência geral*, 17 de maio de 2017

## De pé e a caminho

Devemos sempre buscar o Senhor: todos sabemos como são os momentos ruins, momentos que nos deprimem, momentos sem fé, escuros, momentos em que não vemos o horizonte, não somos capazes de nos levantar, todos sabemos disso!

Mas é o Senhor quem vem, nos restaura com o pão e com sua força e nos diz: "Levante-se e continue, caminhe!" Por isso, para encontrar o Senhor, temos de estar assim: de pé e a caminho; depois esperar que Ele fale conosco: de coração aberto. E Ele nos dirá: "Sou eu"; e ali a fé se torna forte.

Mas a fé é para mim, para guardá-la? Não, é para ir e dá-la aos outros, para ungir os outros, para a missão. Portanto, de pé e a caminho; em silêncio, para encontrar o Senhor; e em missão, para levar esta mensagem, esta vida para os outros.

Que o Senhor nos ajude sempre: Ele está sempre ali para nos ajudar a ficar novamente de pé. E, mesmo que cairmos, temos de ter a força para nos levantar e estar a caminho, não fechados, não dentro do egoísmo do nosso conforto: ser pacientes, para esperar a voz dele e o encontro com Ele, e também corajosos na missão, para levar aos outros a mensagem do Senhor.

*Homilia na Capela da Casa Santa Marta,*
10 de junho de 2016

# Do cansaço ao descanso

*A palavra do Senhor para as situações de cansaço é: "Tenham coragem, eu venci o mundo!" (Jo 16,33). E esta palavra nos dará força.*

Homilia, *2 de abril de 2015*

## A graça do cansaço

A imagem mais profunda e misteriosa do modo como o Senhor trata o nosso cansaço pastoral é a de que "tendo amado os seus..., amou-os até o fim" (Jo 13,1): a cena do lava-pés. Gosto de contemplá-la como o lava-pés do seguimento. O Senhor purifica o próprio seguimento, Ele se "envolve" conosco, se encarrega pessoalmente de limpar cada mancha, aquela sujeira mundana e gordurosa que ficou grudada em nós no caminho que fizemos em nome dele.

Sabemos que nos pés se pode ver como está todo o nosso corpo. Na maneira de seguir o Senhor se manifesta como está nosso coração. Os ferimentos dos pés, as entorses e o cansaço são sinal de como o seguimos, de quais caminhos percorremos para buscar as suas ovelhas perdidas, tentando conduzir o rebanho para as pastagens verdejantes e as águas tranquilas.

O Senhor nos lava e nos purifica de tudo o que se acumulou sobre os nossos pés para segui-lo. E isso é sagrado. Não permite que fique manchado. Como os ferimentos de guerra, Ele os beija, e assim lava a sujeira do trabalho.

O seguimento de Jesus é lavado pelo próprio Senhor para que nos sintamos no direito de ser "alegres", "plenos", "sem medo nem culpa", e assim tenhamos a coragem de sair e ir "até os confins do mundo, a todas as periferias", para levar esta boa notícia aos mais abandonados, sabendo que "Ele está conosco, todos os dias, até o fim do mundo".

E, por favor, vamos pedir a graça de aprender a estar cansados, mas com um cansaço bom!

*Homilia*, 2 de abril de 2015

## O repouso dos sacerdotes

O cansaço dos sacerdotes! Vocês sabem quantas vezes penso nisto: no cansaço de todos vocês? Penso muito nisso e rezo com frequência, especialmente quando eu mesmo estou cansado. Rezo por vocês que trabalham no meio do povo fiel de Deus que lhes foi confiado, e muitos em lugares abandonados e bastante perigosos. E nosso cansaço, caros sacerdotes, é como o incenso que sobe silenciosamente ao céu. Nosso cansaço eleva-se diretamente ao coração do Pai.

Tenham certeza de que Nossa Senhora percebe esse cansaço e se apressa em mostrá-lo ao Senhor. Ela, como Mãe, sabe compreender quando seus filhos estão cansados e só se preocupa com isso.

Pode acontecer também que, ao sentir o peso do trabalho pastoral, sejamos tentados a descansar de qualquer maneira, como se o repouso não fosse uma coisa de Deus. Não caiamos nesta tentação.

Nosso cansaço é precioso aos olhos de Jesus, que nos acolhe e nos dá alento: "Vinde a mim, vós todos que estais oprimidos de trabalhos e sobrecarregados, e eu vos aliviarei" (Mt 11,28). Quando alguém sabe que, morto de cansaço, pode prostrar-se em adoração e dizer: "Senhor, por hoje chega", rendendo-se ao Pai, sabe também que não desmorona, mas se renova, porque o Senhor também unge aquele que ungiu com o óleo da alegria o povo fiel de Deus: "Transforma suas cinzas em diadema, suas lágrimas, em óleo perfumado de alegria, seu abatimento, em cantos de louvor" (Is 61,3).

Tenhamos bem presente que uma chave da fecundidade sacerdotal está na maneira como repousamos e em como sentimos que o Senhor trata o nosso cansaço.

Como é difícil aprender a descansar! Aí reside a nossa confiança e a nossa consciência de que também nós somos ovelhas e precisamos da ajuda do pastor.

*Homilia*, 2 de abril de 2015

## O carinho de Maria

Nos santuários podemos observar como Maria reúne em torno de si os filhos que com tantas tribulações vêm em peregrinação para vê-la e deixar-se olhar por ela. Ali encontram a força de Deus para suportar os sofrimentos e os cansaços da vida. Maria lhes oferece o carinho da sua consolação materna e lhes diz: "Não se perturbe o seu coração. Não estou aqui eu, que sou sua Mãe?"

Hoje fixamos nela o nosso olhar, pedindo-lhe que nos ajude a anunciar a todos a mensagem de salvação e que os novos discípulos se tornem operosos evangelizadores.

Nesta peregrinação de evangelização não faltam as fases de aridez, de ocultamento e até de um certo cansaço, como as que Maria viveu nos anos de Nazaré, enquanto Jesus crescia.

*Evangelii gaudium*, 286-287

## O cansaço da viagem

Alguns casais não suportam a viagem, a viagem da vida conjugal e familiar. O cansaço do caminho se torna um cansaço interior; eles perdem o gosto pelo casamento, não bebem mais da água da fonte do sacramento. A vida cotidiana se torna pesada e, muitas vezes, "nauseante".

Naquele momento de desânimo, diz a Bíblia (cf. Nm 21,4-9), chegam as serpentes venenosas que mordem as pessoas, e muitos morrem. Esse fato provoca o arrependimento do povo, que pede perdão a Moisés, implorando-lhe que reze ao Senhor para afastar as serpentes. Moisés suplica ao Senhor, que lhe dá o remédio: uma serpente de bronze, pendurada num poste; todos os que olharem para ela serão curados do veneno mortal das serpentes.

Jesus se identificou com esse símbolo: de fato, por amor, o Pai "entregou" seu Filho Unigênito aos homens para que tenham a vida.

O remédio que Deus oferece ao povo vale também, em especial, para os esposos que "não suportam o caminho" e são mordidos pelas tentações do desalento, da infidelidade, do retrocesso, do abandono...

Também para eles Deus Pai entrega seu Filho Jesus, não para condená-los, mas para salvá-los: se se confiam a Ele, os cura com o amor misericordioso que brota da sua cruz, com a força de uma graça que regenera e leva a retomar o caminho da vida conjugal e familiar.

O amor de Jesus, que abençoou e consagrou a união dos esposos, é capaz de manter o amor deles e de renová-lo quando humanamente se perde, se dilacera, se esgota. O amor de Cristo pode devolver aos esposos a alegria de caminhar juntos, porque o casamento é isso.

É normal que o casal brigue, é normal. Sempre acontece. Mas eu os aconselho: nunca terminem o dia sem fazer as pazes. Nunca. É suficiente um pequeno gesto. E assim se continua a caminhar. O casamento é símbolo da vida, da vida real, não é ficção!

*Homilia*, 14 de setembro de 2014

## Trabalho e oração

O centro da nossa sociedade é o consumo e, portanto, o prazer que o consumo promete. Grandes lojas, abertas vinte e quatro horas por dia, todos os dias, novos "templos" que prometem a salvação, a vida eterna; cultos de puro consumo e, consequentemente, de puro prazer.

Essa também é a raiz da crise do trabalho na nossa sociedade: o trabalho é esforço, suor. Mas uma sociedade hedonista, que vê e deseja apenas o consumo, não compreende o valor do esforço e do suor e, portanto, não compreende o trabalho.

Todas as idolatrias são experiências de puro consumo: os ídolos não trabalham. O trabalho é parto: são dores para depois poder gerar alegria pelo que se gerou juntos.

Sem resgatar uma cultura que valoriza o esforço e o suor não resgataremos uma nova relação com o trabalho e continuaremos a sonhar com o consumo por puro prazer. Entre o trabalho e o consumo há tantas coisas, todas importantes e boas, que se chamam dignidade, respeito, honra, liberdade, direitos, direitos de todos, das mulheres, das crianças, dos idosos...

Se reduzirmos o trabalho ao consumo, com o trabalho logo reduziremos também todas estas suas palavras irmãs: dignidade, respeito, honra, liberdade. Não devemos permitir isso, e temos de continuar a pedir o trabalho, a gerá-lo, valorizá-lo e amá-lo. Também a rezar por ele: muitas das orações mais belas dos nossos pais e avós eram orações pelo trabalho, aprendidas e recitadas antes, depois e durante o trabalho.

O trabalho é amigo da oração; o trabalho está presente todos os dias na Eucaristia, cujos dons são fruto da terra e do trabalho do homem. Um mundo que não conhece mais os valores e o valor do trabalho já não compreende nem sequer a Eucaristia, a oração verdadeira e humilde das trabalhadoras e dos trabalhadores.

Os campos, o mar e as fábricas sempre foram "altares" dos quais se elevaram orações belas e puras, que Deus colheu e recolheu. Orações ditas e recitadas por quem sabia e queria rezar, mas também orações feitas com as mãos, com o suor, com o cansaço do trabalho de quem não sabia rezar com os lábios. Deus acolheu também estas e continua a acolhê-las ainda hoje.

*Discurso*, 27 de maio de 2017

## Amor paciente

No Salmo responsorial encontra-se esta expressão: "escutem os humildes e se alegrem" (34,3). Todo esse Salmo é um hino ao Senhor, fonte de alegria e de paz. E qual é o motivo dessa alegria? É este: o Senhor está perto, escuta o grito dos humildes e os liberta do mal. Como escrevia também São Paulo: "Alegrai-vos sempre... o Senhor está perto!" (Fl 4,4-5).

Hoje gostaria de fazer uma pergunta. Mas cada um deve levar essa pergunta no seu coração, para sua casa, como uma tarefa para fazer, combinado? E deve ser respondida sozinho. Como vai a alegria em sua casa? Como vai a alegria em sua família? Deem a resposta.

Caras famílias, vocês sabem muito bem: a verdadeira alegria que se sente na família não é algo superficial, não vem das coisas, das circunstâncias favoráveis... A verdadeira alegria vem de uma harmonia profunda entre as pessoas, que todos sentem no coração, e que nos faz sentir a beleza de estar juntos, de nos apoiar mutuamente no caminho da vida.

Mas na base desse sentimento de alegria profunda está a presença de Deus, a presença de Deus na família, está o seu amor acolhedor, misericordioso, respeitoso para com todos. E, sobretudo, um amor paciente: a paciência é uma virtude de Deus e nos ensina, em família, a ter esse amor paciente, uns com os outros. Ter paciência entre nós. Amor paciente. Só Deus sabe criar a harmonia das diferenças.

Se falta o amor de Deus, também a família perde a harmonia, prevalecem os individualismos, e a alegria desaparece. Ao contrário, a família que vive a alegria da fé a transmite espontaneamente, é sal da terra e luz do mundo, é fermento para toda a sociedade.

Caras famílias, vivam sempre com fé e simplicidade, como a santa Família de Nazaré. Que a alegria e a paz do Senhor estejam sempre com vocês!

*Homilia*, 27 de outubro de 2013

## Fortalecidos por Cristo

Cristo morto e ressuscitado torna os seus fiéis sempre novos: por mais que sejam idosos, "se revigoram e criam asas como águias, correm sem cansaço e caminham sem fadiga" (Is 40,31). Cristo é o "Evangelho eterno" (Ap 14,6), e é "o mesmo ontem e hoje e para sempre" (Hb 13,8), mas a sua riqueza e sua beleza são inesgotáveis. Ele é sempre jovem e fonte constante de novidade. A Igreja não cansa de se admirar com "a profundidade da riqueza, da sabedoria e do conhecimento de Deus" (Rm 11,33).

Com sua novidade, Ele sempre pode renovar a nossa vida e a nossa comunidade, e a proposta cristã, mesmo que atravesse períodos obscuros e fraquezas eclesiais, jamais envelhece. Jesus Cristo pode sempre romper os esquemas enfadonhos nos quais pretendemos aprisioná-lo e nos surpreende com sua constante criatividade divina.

Todas as vezes que procuramos retornar à fonte e recuperar o frescor original do Evangelho despontam novos caminhos, métodos criativos, outras formas de expressão, sinais mais eloquentes, palavras repletas de um renovado significado para o mundo atual. Na realidade, toda ação evangelizadora autêntica é sempre "nova".

Embora essa missão exija de nós um empenho generoso, seria um erro considerá-la uma heroica tarefa pessoal, uma vez que, para além do que possamos descobrir e compreender, a obra é antes de tudo dele. Jesus é o primeiro e o maior evangelizador.

Essa convicção nos permite manter a alegria em meio a uma tarefa tão exigente e desafiadora que ocupa inteiramente a nossa vida. Pede-nos tudo, mas ao mesmo tempo nos oferece tudo.

*Evangelii gaudium*, 11-12

## Repouso espiritual

A subida dos discípulos para o monte Tabor nos leva a refletir sobre a importância de nos desapegar das coisas mundanas, para percorrer um caminho rumo ao alto e contemplar Jesus. Trata-se de nos dispor à escuta atenta e orante do Cristo, o Filho amado do Pai, buscando momentos de oração que permitem o acolhimento doce e alegre da Palavra de Deus.

Nesta subida espiritual, neste desapego das coisas mundanas, somos chamados a redescobrir o silêncio tranquilizante e regenerador da meditação do Evangelho, da leitura da Bíblia, que conduz a uma meta repleta de beleza, de esplendor e de alegria. E quando ficamos assim, com a Bíblia nas mãos, em silêncio, começamos a sentir esta beleza interior, esta alegria que a Palavra de Deus desperta em nós.

Nessa perspectiva, o tempo de verão é um momento providencial para aumentar o nosso empenho de busca e de encontro com o Senhor.

Neste período, os estudantes estão livres dos compromissos escolares e muitas famílias entram em férias; é importante que, no período de descanso e de pausa das ocupações cotidianas, se possam revigorar as forças do corpo e do espírito, aprofundando o caminho espiritual.

*Angelus*, 6 de agosto de 2017

## O valor da festa

Deus nos ensina a importância de dedicar um tempo para contemplar e desfrutar daquilo que foi bem-feito por meio do trabalho. Naturalmente, falo do trabalho não apenas no sentido do ofício ou da profissão, mas no sentido mais amplo: toda ação com que nós, homens e mulheres, podemos colaborar com a obra criadora de Deus.

Portanto, a festa não é a preguiça de ficar sentado na poltrona ou a embriaguez de um escapismo insensato; não, a festa é antes de tudo um olhar amoroso e agradecido para o trabalho bem-feito; festejamos um trabalho. Também vocês, recém-casados, estão festejando o trabalho de um bom tempo de noivado: e isso é muito bonito! É o tempo para olhar os filhos, ou os netos, que estão crescendo, e pensar: que bom! É o tempo para olhar nossa casa, os amigos que recebemos, a comunidade que nos cerca, e pensar: que coisa boa! Deus fez assim quando criou o mundo. E continua a fazer assim, porque Deus cria sempre, também neste momento!

Uma festa pode chegar em circunstâncias difíceis ou dolorosas, e talvez seja celebrada "com um nó na garganta". No entanto, mesmo nesses casos, pedimos a Deus a força para não a esvaziar completamente.

Vocês, mães e pais, sabem bem disto: quantas vezes, por amor aos filhos, não deixam o desgosto de lado para permitir que eles vivam bem a festa, desfrutem o melhor da vida! Há tanto amor nisso!

*Audiência geral*, 12 de agosto de 2015

## Cheiro de ovelhas

Existe o que podemos chamar "o cansaço do povo, o cansaço das multidões": para o Senhor, assim como para nós, era desgastante – o Evangelho o diz –, mas é um cansaço bom, um cansaço cheio de frutos e de alegria. As pessoas que o seguiam, as famílias que levavam até

Ele suas crianças para que as abençoasse, os que tinham sido curados e voltavam com seus amigos, os jovens que se entusiasmavam com o Rabi..., não lhe deixavam nem sequer tempo para comer.

Mas o Senhor não se aborrecia de estar com o povo. Ao contrário: parecia que se revigorava. Esse cansaço em meio à nossa atividade geralmente é uma graça ao alcance de todos nós, sacerdotes.

Como é bonito isto: o povo ama, deseja e precisa de seus pastores! O povo fiel não nos deixa sem uma atividade direta, a não ser que alguém se esconda num escritório ou percorra a cidade num carro com vidros escuros. E esse cansaço é bom, é um cansaço saudável.

É o cansaço do sacerdote com o cheiro das ovelhas..., mas com o sorriso do pai que contempla os seus filhos ou os seus netos. Nada a ver com os que usam perfumes caros e olham para você de longe e de cima.

Somos os amigos do Esposo, esta é a nossa alegria. Se Jesus está pastoreando o rebanho entre nós, não podemos ser pastores de cara feia, queixosos, nem, o que é pior, pastores entediados. Cheiro de ovelhas e sorriso de pais...

Sim, muito cansados, mas com a alegria de quem escuta o seu Senhor que diz: "Vinde, benditos de meu Pai!" (Mt 25,34).

Homilia, 2 de abril de 2015

## O tempo do descanso

O verdadeiro tempo da festa suspende o trabalho profissional e é sagrado, porque lembra ao homem e à mulher que são feitos à imagem de Deus, que não é escravo do trabalho, mas Senhor, e portanto nós também jamais devemos ser escravos do trabalho, mas "senhores". Há um mandamento para isso, um mandamento que diz respeito a todos, sem excluir ninguém!

E, no entanto, sabemos que há milhões de homens e mulheres e até crianças escravos do trabalho! Nesta época, há escravos, são explorados, escravos do trabalho, e isso é contra Deus e contra a dignidade da pessoa humana! A obsessão pelo lucro econômico e o eficientismo da técnica põem em risco os ritmos humanos da vida, porque a vida tem seus ritmos humanos.

O tempo do descanso, sobretudo o dominical, nos foi destinado para que possamos usufruir do que não se produz e não se consome, não se compra e não se vende. Contudo, vemos que a ideologia do lucro e do consumo quer devorar também a festa: ela também às vezes é reduzida a um "negócio", a uma maneira de ganhar dinheiro e de gastá-lo. Mas é para isso que trabalhamos?

A ganância do consumo, que comporta o desperdício, é um vírus ruim que, entre outras coisas, no final nos faz sentir mais cansados do que antes. Prejudica o trabalho verdadeiro, consome a vida. Os ritmos desregrados da festa fazem vítimas, não raro jovens.

Enfim, o tempo da festa é sagrado porque Deus o habita de uma maneira especial. A Eucaristia dominical leva à festa toda a graça de Jesus Cristo: a sua presença, o seu amor, o seu sacrifício, o seu fazer-se comunidade, o seu estar conosco...

E assim toda realidade recebe o seu pleno sentido: o trabalho, a família, as alegrias e as tribulações de cada dia, até o sofrimento e a morte; tudo é transfigurado pela graça de Cristo.

*Audiência geral*, 12 de agosto de 2015

# Do ódio à amizade

*Quando os povos se separam, as famílias se separam, os amigos se separam, na separação pode-se semear apenas a inimizade, e até o ódio.*

*Ao contrário, quando nos unimos, temos a amizade social, a amizade fraterna.*

Discurso, *29 de maio de 2016*

## Do deserto à floresta

O deserto é feio, tanto o deserto que está no coração de todos nós como o que está na cidade e nas periferias. Mas não devemos ter medo de ir ao deserto para transformá-lo em floresta; há vida exuberante, e podemos ir até ali para enxugar tantas lágrimas para que todos possam sorrir.

Isso me faz pensar muito naquele salmo do povo de Israel, quando estava prisioneiro na Babilônia, e dizia: "Não podemos cantar os nossos cantos, porque estamos em terra estrangeira". Tinham os instrumentos ali com eles, mas não sentiam alegria porque eram reféns em terra estrangeira. Mas quando foram libertados, diz o salmo, "não podíamos acreditar, os nossos lábios estavam cheios de sorrisos" (Sl 137). E assim, nesta passagem do deserto para a floresta, para a vida, há o sorriso.

Vou lhes dar uma lição de casa: um dia, andando pela rua, olhem para o rosto das pessoas; elas estão preocupadas, cada uma está fechada em si mesma; falta o sorriso, falta a ternura, em outras palavras, falta a amizade social, falta-nos esta amizade social. Onde não há amizade social sempre há ódio, há guerra.

Estamos vivendo uma "terceira guerra mundial por etapas", por todas as partes. Olhem para o mapa-múndi e verão isso. No entanto, a amizade social muitas vezes deve ser feita com o perdão – a primeira palavra –, com o perdão. Muitas vezes se faz com a aproximação: eu me aproximo daquele problema, daquele conflito, daquela dificuldade.

A amizade social se faz na gratuidade, e esta sabedoria da gratuidade se aprende, se aprende: com o jogo, com o esporte, com a arte, com a alegria de estar juntos, com a aproximação... É uma palavra, gratuidade, que não deve ser esquecida neste mundo, onde parece que, se você não paga, não pode viver, onde a pessoa, o homem e a mulher, que Deus criou precisamente no centro do mundo, para estar também no centro da economia, foram expulsos, e no centro temos um lindo deus, o deus dinheiro.

Os que podem se aproximar para adorar esse deus se aproximam, e os que não podem acabam na fome, nas doenças, na exploração...

*Mensagem para o Dia Mundial da Terra*,
24 de abril de 2016

## Buscar um acordo

Jesus disse que, quando se tem alguma coisa contra o outro, e não se consegue resolver a questão e buscar uma solução, é oportuno encontrar ao menos um jeito de entrar em acordo. Sobretudo, recomenda o Senhor, entre em acordo com seu adversário enquanto estão a caminho. Talvez não seja o ideal, mas o acordo é uma coisa boa: é realismo!

E, aos que objetam que os acordos não perduram, tanto que, como se costuma dizer, são feitos para ser quebrados, a resposta é que o esforço de fazer acordos serve para salvar muitas coisas: alguém dá um passo, outro dá mais um passo, e assim ao menos existe paz. Ainda que seja uma paz muito provisória, porque nasce de um acordo.

Em síntese, Jesus é realista quando afirma que esta capacidade de fazer acordos entre nós significa também superar a justiça dos fariseus e dos doutores da lei. É o realismo da vida.

Tanto que Jesus recomenda expressamente que cheguemos a um acordo enquanto estamos a caminho, precisamente para deter a luta e o ódio entre nós. E, no entanto, nós muitas vezes queremos acabar com as coisas, levá-las ao limite.

*Homilia na Capela da Casa Santa Marta*, 12 de junho de 2014.

## O oxigênio da fraternidade

Para enfrentar verdadeiramente a barbárie de quem insufla o ódio e incita à violência é preciso acompanhar e fazer amadurecer gerações que à lógica incendiária do mal respondam com o paciente crescimento do bem: jovens que, como árvores bem plantadas, estejam arraigados ao solo da história e, crescendo para o alto e ao lado dos outros, transformem a cada dia o ar poluído do ódio no oxigênio da fraternidade.

Neste desafio de civilização tão urgente e apaixonante, somos chamados, cristãos e muçulmanos, e todos os que têm fé, a dar a nossa contribuição: vivemos sob o sol de um único Deus misericordioso. Neste sentido, portanto, podemos nos chamar uns aos outros de irmãos e irmãs, porque sem Deus a vida do homem seria como o céu sem o sol.

Que se levante o sol de uma renovada fraternidade em nome de Deus e surja o alvorecer de uma civilização da paz e do encontro.

Se observamos bem, a causa de toda perseguição é o ódio: o ódio do príncipe deste mundo por todos os que foram salvos e redimidos por Jesus com sua morte e sua ressurreição. Na passagem do Evangelho (cf. Jo 15,12-19), Jesus usa uma palavra forte e assustadora: a palavra "ódio". Ele, que é o mestre do amor, que gostava tanto de falar de amor, fala de ódio. Mas Ele sempre queria chamar as coisas pelo próprio nome. E nos diz: "Não temei! Se o mundo vos odeia, lembrai-vos de que me odiou antes".

Jesus nos escolheu e nos resgatou, por um dom gratuito do seu amor. Com sua morte e ressurreição, nos resgatou do poder do mundo, do poder do diabo, do poder do príncipe deste mundo. E a origem do ódio é esta: como fomos salvos por Jesus, e o príncipe do mundo não quer isso, ele nos odeia e suscita a perseguição, que desde os tempos de Jesus e da Igreja nascente continua até os nossos dias.

*Homilia*, 22 de abril de 2017

## O hábito do diálogo

Pensemos em como o príncipe do mundo quis enganar Jesus quando estava no deserto: "Ora, vamos! Está com fome? Coma. Você pode fazer isso". Também o convidou um pouco à vaidade: "Ah, deixe disso! Você veio para salvar o povo. Poupe tempo, vá até o templo, atire-se de lá do alto e todos verão este milagre e pronto: você terá autoridade".

Mas pensemos nisto: Jesus nunca respondeu a este príncipe com suas próprias palavras! Nunca. Era Deus. Nunca. Para a resposta, foi buscar as palavras de Deus e respondeu com a Palavra de Deus.

Uma mensagem para o homem de hoje: não se pode dialogar com o príncipe deste mundo. E que isso fique claro. O diálogo é outra coisa: é necessário entre nós, é necessário para a paz. O diálogo é um hábito, é precisamente uma atitude que devemos ter entre nós para ouvir uns aos outros, para nos entender. E deve ser mantido sempre. O diálogo nasce da caridade, do amor. Com aquele príncipe não se pode dialogar; pode-se apenas responder com a Palavra de Deus que nos defende.

O príncipe do mundo nos odeia. E como fez com Jesus fará conosco: "Mas veja, faça isso... é um pequeno truque...", e assim começa a nos levar por um caminho um tanto injusto. Começa com pequenas coisas, depois continua com as lisonjas e com elas nos amansa até cairmos na armadilha.

Jesus nos disse: "Eu envio vocês como ovelhinhas em meio aos lobos. Sejam prudentes, mas simples". No entanto, se nos deixamos dominar pelo espírito da vaidade e pensamos em combater os lobos transformando-nos também em lobos, estes nos comerão vivos. Porque, se você deixar de ser uma ovelhinha, não terá um pastor para defendê-lo e cairá nas mãos desses lobos.

Humildade e mansidão: estas são as armas que o príncipe do mundo, o espírito do mundo, não tolera, porque suas propostas são de poder mundano, propostas de vaidade, propostas de riquezas. Jesus é manso e humilde de coração.

E pensemos nas armas que temos para nos defender: permaneçamos sempre ovelhinhas, porque assim teremos um pastor para nos defender.

*Homilia na Capela da Casa Santa Marta*,
4 de maio de 2013

## Paternidade e fraternidade

Os homens e as mulheres deste mundo alguma vez conseguirão corresponder plenamente ao anseio de fraternidade, neles impresso por Deus Pai? Apenas com suas próprias forças, conseguirão vencer a indiferença, o egoísmo e o ódio, aceitar as legítimas diferenças que caracterizam os irmãos e as irmãs?

Parafraseando suas palavras, poderíamos sintetizar assim a resposta que nos dá o Senhor Jesus: como existe um só Pai, que é Deus, vocês são todos irmãos (cf. Mt 23,8-9). A raiz da fraternidade está contida na paternidade de Deus.

Não se trata de uma paternidade genérica, indistinta e historicamente ineficaz, e sim do amor pessoal, pontual e extraordinariamente concreto de Deus por cada homem (cf. Mt 6,25-30). Uma paternidade, portanto, eficazmente geradora de fraternidade, porque o amor de Deus, quando é aceito, torna-se o mais formidável agente de transformação da existência e das relações com o outro, abrindo os homens para a solidariedade e para a partilha atuante.

Em particular, a fraternidade humana é regenerada em e por Jesus Cristo com sua morte e ressurreição. A cruz é o "lugar" definitivo de fundação da fraternidade, que os homens não são capazes de criar sozinhos. Jesus Cristo, que assumiu a natureza humana para redimi-la, amando o Pai até a morte e morte de cruz (cf. Fl 2,8), mediante a sua ressurreição nos constitui como humanidade nova, em plena comunhão com a vontade de Deus, com o seu projeto, que compreende a plena realização da vocação para a fraternidade.

*Mensagem para o XLVII Dia Mundial da Paz*,
1º de janeiro de 2014

## O ódio não vencerá

Na luta contra o mal, os cristãos não perdem a esperança. O cristianismo cultiva uma inabalável confiança: não acredita que as forças negativas e desagregadoras podem prevalecer. A última palavra sobre a história do homem não é o ódio, não é a morte, não é a guerra.

Em todos os momentos da vida somos assistidos pela mão de Deus, assim como pela presença discreta de todos os fiéis que "nos precederam com o sinal da fé" (Cânon Romano). A existência deles nos diz, antes de tudo, que a vida cristã não é um ideal inacessível. E ao mesmo tempo nos conforta: não estamos sós, a Igreja é composta por inúmeros irmãos, muitas vezes anônimos, que nos precederam e que por ação do Espírito Santo estão envolvidos nas vicissitudes dos que ainda vivem aqui na terra.

*Audiência geral*, 21 de junho de 2017

## Como São Francisco

Não existe o terrorismo cristão, não existe o terrorismo judeu e não existe o terrorismo muçulmano. Não existe. Nenhum povo é criminoso, narcotraficante ou violento. "Acusam-se de violência os pobres e as populações mais pobres, mas, sem igualdade de oportunidade, as diversas formas de agressão e de guerra encontrarão um terreno fértil que cedo ou tarde provocará a explosão" (*Evangelium gaudium*, 52).

Há pessoas fundamentalistas e violentas em todos os povos e em todas as religiões que, entre outras coisas, se fortalecem com as generalizações intolerantes, alimentando-se do ódio e da xenofobia. Enfrentando o terror com amor, trabalhamos pela paz.

Peço a vocês firmeza e mansidão na defesa desses princípios: peço-lhes que não os troquem por mercadorias baratas e, como São Francisco de Assis, que doemos tudo o que temos para que: "Onde houver ódio, que eu leve amor; onde houver ofensa, que eu leve o perdão;

onde houver discórdia, que eu leve a fé; onde houver erro, que eu leve a Verdade" (Oração de São Francisco de Assis, fragmento).

*Mensagem por ocasião do Encontro dos Movimentos Populares*, 10 de fevereiro de 2017

# Da tentação à salvação

*Se tivéssemos a Palavra de Deus sempre no coração, nenhuma tentação poderia nos afastar de Deus.*

Twitter, *24 de abril de 2017*

## A serpente e a cruz

No Livro dos Números (21,4-9), o povo entediado, que já não aguenta o caminho, se afasta do Senhor, fala mal de Moisés e do Senhor, e encontra aquelas serpentes que mordem e provocam a morte. Então o Senhor diz a Moisés que faça uma serpente de bronze e a eleve, e a pessoa ferida pela serpente que olhar para aquela de bronze será curada.

A serpente é o símbolo do mal, do diabo: era o mais astuto dos animais do paraíso terrestre. Mas então temos de olhar para o diabo para nos salvar? A serpente é o pai do pecado, que levou a humanidade a pecar. Na realidade, Jesus diz: "Quando eu for elevado, todos verão a mim". Obviamente esse é o mistério da cruz.

A serpente de bronze curava, mas era sinal de duas coisas: do pecado cometido pela serpente, da sedução da serpente, da astúcia da serpente; e também sinal da cruz de Cristo, era uma profecia. E por isso o Senhor lhes diz: "Quando tiverdes elevado o filho do homem, então conhecereis que eu sou".

Desse modo, podemos dizer que Jesus "se fez serpente", "se fez pecado", e tomou sobre si todas as sujeiras da humanidade, todas as sujeiras do pecado. E se fez elevar para que todos olhassem para Ele, todos os feridos pelo pecado, nós. Este é o mistério da cruz.

Quem não olhava para a serpente de bronze depois de ter sido ferido por uma serpente no deserto morria no pecado, o pecado da murmuração contra Deus e contra Moisés. Do mesmo modo, quem não reconhece naquele homem elevado, como a serpente, a força de Deus que se fez pecado para nos curar, morrerá no próprio pecado. Porque a salvação vem apenas da cruz, mas desta cruz que é Deus feito carne: não há salvação nas ideias, não há salvação na boa vontade, no desejo de ser bons.

Na realidade, a única salvação está em Cristo crucificado, porque somente Ele, como a serpente de bronze significava, foi capaz de tomar todo o veneno do pecado e nos curou ali.

*Homilia na Capela da Casa Santa Marta,*
*4 de abril de 2017*

## Armados da Palavra de Deus

Durante os quarenta dias da Quaresma, como cristãos, somos convidados a seguir as pegadas de Jesus e enfrentar o combate espiritual contra o maligno com a força da Palavra de Deus. Não com a nossa palavra, não adianta. A Palavra de Deus: ela tem a força para derrotar satanás. Por isso, precisamos nos familiarizar com a Bíblia: lê-la com frequência, meditá-la, assimilá-la.

A Bíblia contém a Palavra de Deus, que é sempre atual e eficaz. Alguém disse: o que aconteceria se tratássemos a Bíblia como tratamos nosso telefone celular? Se a levássemos sempre conosco, ou ao menos o pequeno Evangelho de bolso? Se voltássemos para casa quando a esquecemos: se esquecemos o celular, voltamos para pegá-lo; se a abríssemos diversas vezes ao dia; se lêssemos as mensagens de Deus contidas na Bíblia como lemos as mensagens do celular, o que aconteceria?

Obviamente, a comparação é paradoxal, mas leva a refletir. De fato, se tivéssemos a Palavra de Deus sempre no coração, nenhuma tentação poderia nos afastar de Deus e nenhum obstáculo poderia nos desviar do caminho do bem; saberíamos vencer as sugestões diárias do mal que está em nós e fora de nós; seríamos mais capazes de viver uma vida ressuscitada segundo o Espírito, acolhendo e amando os nossos irmãos, especialmente os mais fracos e necessitados, e até mesmo os nossos inimigos.

*Angelus*, 5 de março de 2017

# O diabo e a carteira

Eu já disse isso em outras ocasiões, e gostaria de repetir como algo que é verdadeiro e seguro, não se esqueçam: o diabo entra pela carteira. Sempre. Isso não diz respeito apenas ao início; todos devemos ficar atentos, porque a corrupção nos homens e nas mulheres que estão na Igreja começa assim, pouco a pouco, e depois – o próprio Jesus o diz – finca suas raízes no coração e acaba afastando Deus da própria vida.

"Não podeis servir a Deus e ao dinheiro" (Mt 6,24). Jesus diz: "Não se pode servir a dois senhores". Dois senhores: é como se houvesse dois senhores no mundo. Não se pode servir a Deus e ao dinheiro. Jesus dá o título de "senhor" ao dinheiro. O que isso significa? Que, se prender você, não o deixará ir embora: será o seu senhor partindo do seu próprio coração.

A boa notícia é que Jesus está disposto a nos purificar; a boa notícia é que ainda não estamos "terminados", ainda estamos em "processo de fabricação", e, como bons discípulos, estamos a caminho. E de que modo Jesus corta os fatores de morte que se enraízam em nossa vida e desvirtuam o chamado? Convidando-nos a permanecer nele. Permanecer não significa apenas estar, mas indica manter uma relação vital, existencial, absolutamente necessária; é viver e crescer em união fecunda com Jesus, fonte de vida eterna.

Permanecer em Jesus não pode ser uma atitude meramente passiva ou um simples abandono sem consequências na vida cotidiana. Há sempre uma consequência, sempre.

*Discurso*, 9 de setembro de 2017

## O diabo fora de moda

O diabo existe mesmo no século XXI e temos de aprender com o Evangelho como lutar contra ele para não cair em armadilhas. Mas, para fazê-lo, não podemos ser ingênuos. Por isso temos de conhecer as estratégias dele para as tentações que sempre têm três características: começam devagar, depois aumentam por contágio e no final encontram um jeito de se justificar.

A vida de Jesus foi uma luta: Ele veio para vencer o mal, para vencer o príncipe deste mundo, para vencer o demônio. Jesus lutou contra o demônio que o tentou tantas vezes e em sua vida sentiu as tentações e também as perseguições. Assim, também nós cristãos que queremos seguir Jesus, e que por meio do Batismo estamos precisamente no caminho de Jesus, temos de conhecer bem esta verdade: nós também somos tentados, também nós somos objeto do ataque do demônio.

Isso acontece porque o espírito do mal não quer a nossa santidade, não quer o testemunho cristão, não quer que sejamos discípulos de Jesus.

Todos somos tentados, porque a lei da nossa vida espiritual, da nossa vida cristã, é uma luta. E o é em consequência do fato de que o príncipe deste mundo não quer a nossa santidade, não quer que sigamos Cristo.

Claro, alguns de vocês – talvez, não sei – podem dizer: mas, padre, como o senhor é antigo, falar do diabo no século XXI! Mas olhem que o diabo existe! O diabo existe mesmo no século XXI. E não podemos ser ingênuos.

Temos de aprender com o Evangelho como lutar contra ele.

*Homilia na Capela da Casa Santa Marta*,
11 de abril de 2014

## A coragem de resistir

O diabo é astuto: não se pode dialogar com ele. Além de tudo, todos sabemos o que são as tentações, todos sabemos porque todos as temos: tantas tentações de vaidade, de soberba, de ganância, de avareza, tantas! Mas todas começam quando dizemos a nós mesmos: "Mas, isso pode ser feito, pode ser feito...".

Tantos corruptos, tantos peixes grandes corruptos que existem no mundo, cuja vida conhecemos pelos jornais, talvez tenham começado com uma coisa pequena, não sei, ao não calibrar bem a balança: o que era um quilo, não, vamos deixar novecentos gramas, mas que pareça um quilo. Porque a corrupção começa com pouco, com uma conversa, precisamente como acontece com Eva que é tranquilizada pela serpente: "Mas não, não é verdade que este fruto vai te fazer mal. Coma, é bom, é pouca coisa, ninguém vai perceber. Vamos, coma!" E assim, pouco a pouco se cai no pecado, se cai na corrupção.

A Igreja nos ensina a não ser ingênuos, para não dizer tolos, a manter os olhos abertos e a pedir a ajuda do Senhor, porque sozinhos não conseguimos.

Na passagem do Gênesis há também uma palavra que é uma coisa triste: Adão e Eva se "escondem" do Senhor. Porque a tentação nos leva a nos esconder do Senhor e vamos embora com a nossa culpa, com o nosso pecado, com a nossa corrupção, longe do Senhor.

Àquela altura é necessária a graça de Jesus para voltar e pedir perdão, como fez o filho pródigo. Eis por que na tentação não se dialoga, se suplica: "Socorro, Senhor, sou fraco, não quero me esconder de ti".

Isso é coragem, isso é vencer. Porque quando você começa a dialogar, acabará vencido, derrotado. Que o Senhor nos dê a graça e nos acompanhe nesta coragem e, se somos enganados por nossa fraqueza, na tentação nos dê a coragem de nos levantar e de seguir em frente: para isso Jesus veio, para isso!

*Homilia na Capela da Casa Santa Marta*, 10 de fevereiro de 2017

### Sempre vigilantes

Como percorrer nosso caminho cristão quando existem tentações? Quando o diabo vem para nos perturbar? O primeiro critério é que não é possível alcançar a vitória de Jesus sobre o mal, sobre o diabo, pela metade. Jesus diz: "Ou estás comigo ou estás contra mim; quem não está comigo está contra mim e quem não colhe comigo, perde".

Não podemos continuar a acreditar que é um exagero: ou estamos com Jesus ou estamos contra Jesus. E em relação a esse ponto não há meios-termos. Há uma luta, uma luta em que está em jogo a salvação eterna de todos nós. E não existem alternativas, embora às vezes vejamos algumas propostas pastorais que parecem mais complacentes...

O último critério é a vigilância. Devemos sempre vigiar, vigiar contra o engano, contra a sedução do maligno. Citando o Evangelho: "Quando um homem forte e bem armado faz a guarda do seu palácio, o que possui está em segurança".

E cada um de nós pode se perguntar: eu vigio a mim mesmo? Vigio o meu coração? Os meus sentimentos? Os meus pensamentos? Protejo o tesouro da graça? Protejo a presença do Espírito Santo em mim? Se não se protege, vem alguém mais forte, o domina, rouba as armas nas quais confiava e divide o butim.

Eis por que é necessário vigiar. A estratégia do diabo é esta: você se tornou cristão, continue com sua fé, e eu o deixo em paz. Mas depois, quando você estiver acostumado, baixar a guarda e se sentir seguro, eu volto. São Pedro dizia: o demônio é como um leão feroz que nos cerca.

*Homilia na Capela da Casa Santa Marta,*
*11 de outubro de 2013*

## O engano do tentador

O diabo é o sedutor desde o início: pensemos em Adão e Eva, em como ele começou a falar com aquela voz doce, dizendo que o fruto era bom para comer. Sua linguagem é precisamente a da sedução: ele é um mentiroso; além disso, é o pai da mentira, gera mentiras, é um enganador. O diabo leva você a acreditar que se comer esta maçã será como um Deus; ele a vende assim, você a compra, e no final ele o ludibria, o engana e arruína sua vida.

A esta altura, porém, temos de nos perguntar o que podemos fazer para não nos deixar enganar pelo diabo. A atitude correta nos é ensinada pelo próprio Jesus: nunca dialogar com o diabo.

E, de fato, o que fez Jesus com o diabo? Ele o expulsava, perguntava o nome dele, mas não dialogava com ele.

Poderíamos objetar que no deserto, na tentação, houve um diálogo, mas Jesus nunca usou uma palavra própria, porque estava bem consciente do perigo. E assim, nas três respostas que deu ao diabo, tomou as palavras da Bíblia, a Palavra de Deus: defendeu-se com a Palavra de Deus.

Assim fazendo, Jesus nos dá o exemplo: jamais dialogar com o diabo; não se pode dialogar com esse mentiroso, com esse enganador que quer a nossa ruína.

*Homilia na Capela da Casa Santa Marta*,
25 de novembro de 2016

## Contra a divisão

O diabo semeia ciúmes, ambições, ideias, mas para dividir! Ou semeia ganância: pensemos em Ananias e Safira nos primeiros tempos. Porque desde os primeiros tempos houve divisões e o que a divisão faz na Igreja é destruição: as divisões destroem, como uma guerra. Depois de uma guerra, tudo está destruído, e o diabo vai embora feliz... Mas nós, ingênuos, caímos no jogo dele...

No entanto, o diabo vai além, não apenas na comunidade cristã; vai precisamente na raiz da unidade cristã. E é o que acontece na cidade de Corinto, com os coríntios: Paulo os recrimina porque as divisões chegam às raízes da unidade, ou seja, à celebração eucarística. Neste caso, os ricos levam coisas para comer, para festejar; os pobres não, levam um pouco de pão e nada mais na própria celebração.

O apóstolo escreve: "Será que não tendes casa para comer e beber? Ou quereis desprezar a Igreja de Deus e envergonhar os pobres?"

E então Paulo relembra: "Prestai atenção. Eu recebi do Senhor o que também vos transmiti, que o Senhor Jesus, na noite em que era traído...", e narra a instituição da Eucaristia, a primeira celebração eucarística.

De resto, a raiz da unidade está naquela celebração eucarística. E o Senhor pediu ao Pai que "sejam um, como nós"; pediu a unidade. Mas o diabo tenta destruir até isso.

*Homilia na Capela da Casa Santa Marta,*
*12 de setembro de 2016*

## A luta entre anjos e demônios

A luta contra os planos astutos de destruição e desumanização empreendidos pelo demônio – que apresenta as coisas como se fossem boas, inventando até explicações humanistas – é uma realidade cotidiana. E se nos subtrairmos a ela seremos derrotados. Mas temos certeza de que não estamos sozinhos nessa luta, porque o Senhor confiou aos arcanjos a missão de defender o homem.

A missão do povo de Deus é guardar em si o homem: o homem Jesus. Guardá-lo, porque é o homem que dá vida a todos os homens, a toda a humanidade. E, por sua vez, os anjos lutam para fazer o homem vencer. Assim, o homem, o Filho de Deus, Jesus e o homem, a humanidade, todos nós, luta contra todas essas coisas que satanás faz para destruí-lo.

De fato, além dos próprios pecados, muitos projetos, mas muitos, muitos projetos de desumanização do homem são obra dele, simplesmente porque odeia o homem. Satanás é astuto: a primeira página do Gênesis o diz. É astuto, apresenta as coisas como se fossem boas. Mas sua intenção é a destruição.

Diante desta obra de satanás os anjos nos defendem: defendem o homem e defendem o homem-Deus, o homem superior, Jesus Cristo, que é a perfeição da humanidade, o mais perfeito. É por isso que a Igreja reverencia os anjos, porque são aqueles que estarão na glória de Deus – estão na glória de Deus –, porque defendem o grande mistério oculto de Deus, ou seja, que o Verbo veio em carne.

A luta é uma realidade cotidiana na vida cristã, em nosso coração, em nossa vida, na nossa família, em nosso povo, em nossas igrejas. Tanto que, se não lutarmos, seremos derrotados. Mas o Senhor deu essa missão de lutar e de vencer principalmente aos anjos.

*Homilia na Capela da Casa Santa Marta*,
29 de setembro de 2014

## A bomba dos boatos

É o diabo que semeia a cizânia dos boatos, que são como bombas que destroem a vida dos outros e também a vida da Igreja.

Cada semente de cizânia é uma bomba que destrói. E há tantas bombas, embora a pior bomba no Vaticano seja o boato, que todos os dias ameaça a vida da Igreja e a vida do Estado, porque todo homem que espalha boatos aqui dentro semeia bombas, na medida em que mata a vida dos outros. E, ainda que suas palavras correspondessem à verdade, ele não teria o direito de dizê-lo a todos, mas apenas aos responsáveis pelo caso.

Este é um perigo que eu também corro, porque o diabo desperta em nós o desejo de fazê-lo.

*Homilia*, 27 de setembro de 2017

# Do pecado ao perdão

*Jesus perdoa tudo, perdoa sempre. Que seja essa a nossa alegria.*

Homilia, *7 de julho de 2017*

## De braços abertos

Desde o início de seu ministério na Galileia, Jesus se aproxima dos leprosos, dos endemoninhados, de todos os doentes e marginalizados. Onde há uma pessoa que sofre, Jesus se encarrega dela e aquele sofrimento se torna seu.

Jesus não prega que a condição de sofrimento deve ser suportada com heroísmo, à maneira dos filósofos estoicos. Jesus compartilha a dor humana e, quando se depara com ela, do seu íntimo brota aquela atitude que caracteriza o cristianismo: a misericórdia. Diante da dor humana, Jesus sente misericórdia; o coração de Jesus é misericordioso. Jesus sente compaixão. Literalmente: Jesus sente tremer as suas entranhas. Quantas vezes encontramos reações como essa no Evangelho.

É por isso que Jesus abre os braços para os pecadores. Quantas pessoas persistem ainda hoje numa vida equivocada por não encontrarem ninguém disposto a olhar para elas de maneira diferente, com os olhos, ou melhor, com o coração de Deus, ou seja, olhar para elas com esperança. Jesus, ao contrário, vê uma possibilidade de ressurreição também em quem acumulou tantas escolhas erradas. Jesus sempre está ali, de coração aberto; escancara aquela misericórdia que tem no coração; perdoa, abraça, compreende, se aproxima: assim é Jesus!

Nós que estamos acostumados a experimentar o perdão dos pecados, talvez "a um preço muito baixo", algumas vezes deveríamos nos lembrar o quanto custamos ao amor de Deus. Cada um de nós custou muito: a vida de Jesus! Ele a teria dado até mesmo por um de nós. Jesus não vai para a cruz por curar os doentes, por pregar a caridade, por proclamar as bem-aventuranças.

O Filho de Deus vai para a cruz sobretudo por perdoar os pecados, por desejar a libertação total, definitiva, do coração humano. Por não aceitar que o ser humano desperdice toda a sua existência com esta "tatuagem" indelével, com o pensamento de não poder ser acolhido pelo coração misericordioso de Deus. E com esses sentimentos Jesus vai ao encontro dos pecadores, que todos nós somos.

*Audiência geral*, 9 de agosto de 2017

## Pecadores e corruptos

O pecador pede perdão, mas, mesmo estando verdadeiramente arrependido, volta a cair e cai várias vezes no pecado. Arrepende-se, mas não consegue sair disso; é fraco. É a fraqueza do pecado original. Existe boa vontade, mas também existe a fraqueza e o Senhor perdoa. A única condição é ir até Ele e dizer: "Pequei, perdoe-me. Gostaria de não fazê-lo mais, mas sou fraco". Este é o pecador. E a atitude de Jesus é sempre o perdão.

Mas qual a diferença entre pecar e escandalizar? Qual a diferença entre cometer um pecado e fazer alguma coisa que provoca escândalo e faz mal, muito mal? A diferença é que quem peca e se arrepende pede perdão, se sente fraco, se sente filho de Deus, se humilha e pede a salvação de Jesus. Mas quem provoca escândalo não se arrepende e continua a pecar, fingindo ser cristão. É como se levasse uma vida dupla, e a dupla vida de um cristão causa muito mal.

Onde existe o engano não está o Espírito de Deus. Essa é a diferença entre pecador e corrupto. Quem tem vida dupla é um corrupto. Ao contrário, quem peca gostaria de não pecar, mas é fraco ou se encontra numa condição em que não consegue encontrar uma solução, mas vai até o Senhor e pede perdão. E o Senhor o ama, o acompanha, está com ele. E nós, nós todos que estamos aqui, devemos dizer: pecadores sim, corruptos não.

*Homilia na Capela da Casa Santa Marta*,
11 de novembro de 2013

## Pecado e esperança

Paulo nos convida a reconhecer que somos pecadores, e que até a nossa forma de amar é marcada pelo pecado. Ao mesmo tempo, porém, se faz portador de um anúncio novo, um anúncio de esperança: o Senhor abre diante de nós um caminho de libertação, um caminho de salvação. É a possibilidade de vivermos também nós o grande mandamento do amor, de nos tornar instrumentos da caridade de Deus. E isso acontece quando deixamos que Cristo ressuscitado cure e renove nosso coração.

O Senhor ressuscitado que vive entre nós, que vive conosco, é capaz de curar o nosso coração: e o faz, se nós lhe pedimos. É Ele quem nos permite, mesmo na nossa pequenez e pobreza, experimentar a compaixão do Pai e celebrar as maravilhas do seu amor. E então compreendemos que tudo o que podemos viver e fazer pelos irmãos é apenas a resposta ao que Deus fez e continua a fazer por nós. Aliás, é o próprio Deus que, fazendo morada em nosso coração e em nossa vida, continua a se fazer próximo e a servir todos aqueles que encontramos a cada dia em nosso caminho, a começar pelos últimos e pelos mais necessitados, nos quais Ele é o primeiro a se reconhecer.

O Apóstolo Paulo quer nos encorajar e reavivar em nós a esperança. De fato, todos sentimos que não vivemos o mandamento do amor plenamente ou como deveríamos. Mas essa também é uma graça, porque nos leva a compreender que não somos capazes de amar verdadeiramente por nós mesmos: precisamos que o Senhor renove continuamente esse dom em nosso coração, através da experiência de sua infinita misericórdia.

E então voltaremos a apreciar as pequenas coisas, as coisas simples, comuns; voltaremos a apreciar todas essas pequenas coisas de todos os dias e seremos capazes de amar os outros como Deus os ama, querendo o bem deles, ou seja, que sejam santos, amigos de Deus; e nos alegraremos com a possibilidade de nos aproximar de quem é pobre e humilde, como Jesus faz com cada um de nós quando estamos distantes dele, de nos inclinar aos pés dos irmãos, como Ele, Bom Samaritano, faz com cada um de nós, com sua compaixão e seu perdão.

*Audiência geral*, 15 de março de 2017

## A dignidade de se reerguer

A única coisa de que realmente precisamos em nossa vida é ser perdoados, libertos do mal e das suas consequências de morte. Infelizmente, a vida nos leva a experimentar essas situações muitas vezes, e sobretudo nelas temos de confiar na misericórdia.

Deus é maior que o nosso pecado. Não nos esqueçamos disto: Deus é maior que o nosso pecado! "Padre, não sei o que dizer, fiz tantas coisas terríveis!" Deus é maior que todos os pecados que podemos fazer. Deus é maior que o nosso pecado.

Seu amor é um oceano no qual podemos mergulhar sem medo de sucumbir: perdoar, para Deus, significa dar-nos a certeza de que Ele jamais nos abandona. Independentemente do que possamos nos recriminar, Ele é ainda e sempre maior que tudo, porque Deus é maior que o nosso pecado.

O perdão divino é sumamente eficaz, porque cria aquilo que diz. Não esconde o pecado, mas o destrói e o anula; e o anula precisamente desde a raiz, não como fazem na lavanderia quando levamos uma roupa e eliminam a mancha.

Por isso, o penitente volta a ser puro, toda mancha é eliminada e ele então passa a ser mais branco que a neve imaculada.

Com o perdão, nós pecadores nos tornamos criaturas novas, preenchidas pelo espírito e repletas de alegria. Agora uma nova realidade começa para nós: um novo coração, um novo espírito, uma nova vida. Nós, pecadores perdoados, que acolhemos a graça divina, podemos até ensinar os outros a não pecarem mais.

"Mas, Padre, eu sou fraco, eu caio, caio." "Mas se cair, levante-se! Levante-se!" Quando uma criança cai, o que faz? Eleva a mão para a mãe, para o pai, para que a ajudem a se levantar. Façamos o mesmo! Se você cair por fraqueza no pecado, levante a mão: o Senhor a segurará e o ajudará a se levantar.

Esta é a dignidade do perdão de Deus! A dignidade que nos dá o perdão de Deus é a de nos levantar, nos colocar sempre de pé, porque Ele criou o homem e a mulher para que fiquem de pé.

*Audiência geral*, 30 de março de 2016

## A festa do perdão

Um elemento comum às três parábolas narradas no Evangelho de Lucas (15,4-32) é aquele expresso pelos verbos que significam alegrar-se juntos, fazer festa. Não se fala de luto. As pessoas ficam alegres, festejam. O pastor chama amigos e vizinhos e lhes diz: "Alegrai-vos comigo, porque achei a ovelha que se tinha perdido" (v. 6); a mulher chama as amigas e as vizinhas dizendo: "Alegrai-vos comigo, porque encontrei a moeda que tinha perdido" (v. 9); o pai diz ao outro filho: "Era preciso festejar e ficar alegre, porque teu irmão estava morto e voltou à vida, estava perdido e foi encontrado!" (v. 32). Nas duas primeiras parábolas acentua-se a alegria tão grande que era preciso compartilhá-la com "amigos e vizinhos". Na terceira, enfatiza-se a festa que parte do coração do pai misericordioso e se expande por toda sua casa.

Com essas três parábolas, Jesus nos apresenta o verdadeiro rosto de Deus: um Pai de braços abertos, que trata os pecadores com ternura e compaixão. A parábola que mais comove, porque manifesta o infinito amor de Deus, é a do pai que vai ao encontro do filho reencontrado e o abraça. E o que impressiona não é tanto a triste história de um jovem que cai na degradação, mas suas palavras decisivas: "Vou partir, voltar para meu pai" (v. 18). O caminho da volta para casa é o caminho da esperança e da vida nova.

Deus espera sempre que retomemos a viagem, nos espera com paciência, nos vê quando ainda estamos distantes, corre ao nosso encontro, nos abraça, nos beija, nos perdoa. Deus é assim! Assim é o nosso Pai! E o seu perdão apaga o passado e nos regenera no amor. Esquece o passado: essa é a fraqueza de Deus. Quando nos abraça e nos perdoa, perde a memória, não tem memória! Esquece o passado.

Quando nós pecadores nos convertemos e nos deixamos reencontrar por Deus, não nos aguardam recriminações e dureza, porque Deus salva, volta a receber em casa com alegria e faz festa.

E lhes pergunto: vocês já pensaram que todas as vezes que nos aproximamos do confessionário há alegria e festa no céu? Já pensaram nisso? É bonito!

*Angelus*, 11 de setembro de 2016

## O pai misericordioso

Na parábola do pai misericordioso, o pai reserva a mesma atitude também para o filho mais velho, que sempre ficou em casa, e agora está indignado e protesta porque não entende e não compartilha toda aquela bondade para com o irmão que tinha errado. O pai vai ao encontro também desse filho e recorda-lhe que eles sempre estiveram juntos, têm tudo em comum, mas é preciso acolher com alegria o irmão que finalmente voltou para casa.

E isso me leva a pensar uma coisa: quando alguém se sente pecador, realmente se sente pouca coisa, ou como ouvi alguns dizerem – tantos – "Padre, eu sou uma imundície!", então é o momento de procurar o Pai.

Ao contrário, quando alguém se sente justo – "Eu sempre fiz as coisas direito..." –, igualmente o Pai vem nos procurar, porque aquela atitude de se sentir justo é uma atitude ruim: é a soberba! Vem do diabo. O Pai espera aqueles que se reconhecem pecadores e vai em busca dos que se sentem justos. Esse é o nosso Pai!

A figura do pai da parábola revela o coração de Deus. Ele é o Pai misericordioso que em Jesus nos ama além de todas as medidas, espera sempre a nossa conversão todas as vezes que erramos; espera a nossa volta quando nos afastamos pensando que podemos prescindir dele; está sempre pronto a nos abrir seus braços, independentemente do que tiver acontecido.

Como o pai do Evangelho, também Deus continua a nos considerar seus filhos quando nos perdemos, e vem ao nosso encontro com ternura quando retornamos a Ele. E nos fala com tanta bondade quando acreditamos que somos justos. Os erros que cometemos, mesmo que grandes, não afetam a fidelidade do seu amor.

Que no Sacramento da Reconciliação possamos sempre recomeçar: Ele nos acolhe, nos devolve a dignidade de seus filhos e nos diz: "Vá em frente! Fique em paz! Levante-se, vá em frente!"

*Angelus*, 6 de março de 2016

## A graça da vergonha

É preciso pedir a Deus a graça da vergonha, porque é uma grande graça envergonhar-se dos próprios pecados e assim receber o perdão e a generosidade de dá-lo aos outros.

Se eu pergunto: "Mas todos vocês são pecadores?" "Sim, padre, todos." "E para ter o perdão dos pecados?" "Nós nos confessamos." "E como você vai se confessar?" "Bem, eu vou, conto os meus pecados, o padre me perdoa, me diz para rezar três ave-marias e volto para casa em paz."

Se é assim, você não entendeu nada. Foi ao confessionário apenas fazer uma operação bancária, uma prática burocrática. Não foi até ali envergonhado do que fez. Viu algumas manchas na sua consciência e errou, porque acreditou que o confessionário era apenas uma lavanderia capaz de tirar as manchas.

Você não conseguiu se envergonhar de seus pecados. Sim, você foi perdoado, porque Deus é grande, mas não entrou em sua consciência, você não se conscientizou do que Deus fez, das maravilhas que fez em seu coração; e por isso sai, encontra um amigo ou uma amiga e começa a falar mal de um ou de outro, continuando a pecar.

O perdão é total, mas só pode ser dado quando eu sinto o meu pecado, me envergonho, sinto vergonha e peço perdão a Deus e me sinto perdoado pelo Pai. E assim posso perdoar. Do contrário, não podemos perdoar, somos incapazes disso. Por isso o perdão é um mistério.

Ao sair do confessionário, quantas vezes não o dizemos, mas sentimos que nos safamos. No entanto, isso não é receber o perdão: esta é a hipocrisia de roubar um perdão, um perdão falso. E assim, como não tenho a experiência de ser perdoado, não posso perdoar os outros, não tenho capacidade, como este hipócrita que foi incapaz de perdoar o seu companheiro.

*Homilia na Capela da Casa Santa Marta*,
11 de março de 2017

## Apesar das "recaídas"

Somos todos pecadores. Todos. Todos temos este "diploma", somos "diplomados". Cada um de nós sabe onde é mais forte o seu pecado, a sua fraqueza. Antes de tudo, temos de reconhecer isso. Nenhum de nós, de todos nós que estamos aqui, pode dizer: "Eu não sou pecador". Os fariseus diziam isso. E Jesus os condena. Eram soberbos, vaidosos, julgavam-se superiores aos outros. No entanto, somos todos pecadores. É o nosso título e é também a possibilidade de atrair Jesus para nós. Jesus vem até nós, vem até mim, porque sou um pecador.

Jesus veio para isso: para os pecadores, não para os justos. Estes não precisam dele. Jesus disse: "Não são as pessoas de saúde que precisam de médico, mas os doentes. Ide aprender o que significa: 'Prefiro a misericórdia ao sacrifício'. Em verdade, não vim chamar os justos, mas os pecadores" (Mt 9,12-13). Quando leio isso, sinto-me chamado por Jesus, e todos podemos dizer o mesmo: Jesus veio por mim. Por cada um de nós.

Essa é a nossa consolação e a nossa confiança: que Ele perdoa sempre, Ele cura a alma sempre, sempre. "Mas sou fraco, terei uma recaída..." Será Jesus a levantar, a curar você, sempre. Esta é a nossa consolação, Jesus veio por mim, para me dar força, para me fazer feliz, para tranquilizar a minha consciência. Não tenham medo. Nos piores momentos, quando sentimos o peso de tantas coisas que fizemos, tantas escorregadas da vida, tantas coisas, e sentimos o peso... Jesus me ama porque sou assim.

Lembro-me de uma passagem da vida de um grande santo, Jerônimo, que tinha mau gênio, e se esforçava para ser gentil, mas aquele gênio... Porque era um dálmata, e os dálmatas são fortes... Conseguira dominar o seu jeito de ser, e assim oferecia ao Senhor muitas coisas, muito trabalho, e rezava ao Senhor: "O que queres de mim?" "Ainda não me deste tudo." "Mas, Senhor, eu te dei isto,

isto e isto..." "Falta uma coisa." "O que falta?" "Dá-me os teus pecados."

É bom ouvir isto: "Dê-me os seus pecados, as suas fraquezas, eu os curarei, e você seguirá em frente".

*Homilia*, 7 de julho de 2017

### Aquele pequeno passo

No coração de cada homem e de cada mulher ecoa continuamente o convite do Senhor: "Procurai o meu rosto!" (Sl 27,8). Ao mesmo tempo, sempre temos de nos confrontar com a nossa pobre condição de pecadores. É o que lemos, por exemplo, no Livro dos Salmos: "'Quem subirá ao monte do Senhor, quem entrará no seu lugar sagrado?' O homem de mãos limpas e o coração puro" (Sl 24,3-4). Mas não devemos ter medo nem desanimar: na Bíblia e na história de cada um de nós, vemos que é sempre Deus quem dá o primeiro passo. É Ele quem nos purifica para que possamos ser admitidos à sua presença.

Somos todos pecadores, necessitados de ser purificados pelo Senhor. Mas basta dar um pequeno passo em direção a Jesus para descobrir que Ele nos espera sempre de braços abertos, em especial no Sacramento da Reconciliação, ocasião privilegiada de encontro com a misericórdia divina que purifica e recria os nossos corações.

*Mensagem para a XXX Jornada Mundial da Juventude*, 31 de janeiro de 2015

# A fragilidade do barro

Somos tribulados, mas não esmagados, porque o poder de Deus nos salva. E por essa razão Paulo reconhece também que estamos abalados, mas não desesperados: há algo de Deus que nos dá esperança. E então somos perseguidos, mas não abandonados; atingidos, mas não mortos: há sempre esta relação entre o barro e o poder, o barro e o tesouro.

Assim, nós realmente temos um tesouro em vasos de barro, mas a tentação é sempre a mesma: esconder, disfarçar, não acreditar que somos barro, cedendo assim àquela hipocrisia em relação a nós mesmos.

Paulo nos leva a um diálogo entre o tesouro e o barro. Um diálogo que devemos fazer continuamente para ser honestos. Por exemplo, quando vamos nos confessar e talvez reconheçamos: "Sim, eu fiz isso, pensei aquilo". E assim dizemos os pecados como se fossem uma lista de preços das compras. Mas a verdadeira pergunta a se fazer é: "Você tem consciência deste barro, desta fragilidade, desta sua vulnerabilidade?" Porque é difícil aceitá-la.

Mesmo quando dizemos "somos todos pecadores", talvez seja uma palavra que falamos por falar, sem pesar todo o seu significado. Por isso é oportuno fazer um exame de consciência particular, perguntando-nos se temos consciência de que somos barro, fracos, pecadores, conscientes de que sem o poder de Deus não podemos seguir em frente.

Ou será que pensamos que a confissão é cobrir o barro com um pouco de cal para que assim ele fique mais forte? Não! Mas existe a vergonha que abre o coração para a entrada do poder de Deus, da força de Deus. Precisamente a vergonha de ser barro e não um vaso de prata ou de ouro: ser barro. Se chegarmos a este ponto, seremos muito felizes.

*Homilia na Capela da Casa Santa Marta*,
16 de junho de 2017

## A prisão do pecado

Se errar, levante-se: nada é mais humano que cometer erros. E aqueles mesmos erros não devem se transformar numa prisão para você. Não fique preso aos seus próprios erros. O Filho de Deus veio não para os que têm saúde, mas para os doentes: portanto, veio também para você. E se errar de novo no futuro, não tenha medo, levante-se! Sabe por quê? Porque Deus é seu amigo.

Se ficar amargurado, acredite firmemente em todas as pessoas que ainda fazem o bem: na humildade delas está a semente de um mundo novo. Frequente as pessoas que conservaram o coração como o de uma criança. Aprenda com a admiração, cultive a capacidade de se maravilhar diante das coisas.

Viva, ame, sonhe, acredite. E, com a graça de Deus, jamais se desespere.

*Audiência geral*, 20 de setembro de 2017

# Da depressão ao amor pela vida

*Para o cristão, a atitude correta é sempre a esperança, nunca a depressão.*

Homilia na Capela da Casa Santa Marta, *27 de novembro de 2014*

## A âncora do Senhor

Em nosso dia a dia corremos e trabalhamos tanto, nos esforçamos por tantas coisas, mas corremos o risco de chegar à noite cansados e com o espírito pesado, como um navio carregado de mercadorias que, depois de uma viagem cansativa, chega ao porto apenas com o desejo de atracar e de apagar as luzes.

Vivendo sempre nesse corre-corre e com tantas coisas a fazer, podemos nos perder, fechar-nos em nós mesmos e ficar inquietos por uma ninharia. Para não nos deixar sufocar por esse "mal-estar existencial", lembremo-nos a cada dia de "lançar a âncora de Deus": levemos a Ele os problemas, as pessoas e as situações, confiemos-lhe tudo.

Essa é a força da oração, que une céu e terra, que permite que Deus entre em nosso tempo.

*Homilia*, 27 de maio de 2017

## O "sofá-felicidade"

O "sofá-felicidade" é provavelmente a paralisia silenciosa que pode nos arruinar mais, que pode ser mais prejudicial à juventude. E por que isso acontece? Porque pouco a pouco, sem perceber, nos encontramos adormecidos, nos encontramos embotados e aturdidos.

Falo dos jovens adormecidos, embotados, aturdidos, enquanto outros – talvez os mais vivos, mas não os melhores – decidem o futuro por nós. Certamente, para muitos é mais fácil e vantajoso ter jovens embotados e aturdidos, que confundem a felicidade com um sofá; para muitos, isso é mais conveniente que ter jovens despertos, desejosos de responder, de responder ao sonho de Deus e a todas as aspirações do coração.

Vocês, eu lhes pergunto, pergunto a vocês: querem ser jovens adormecidos, embotados, aturdidos? Querem que outros decidam o futuro por vocês? Querem ser livres? Querem estar despertos? Querem lutar por seu futuro?

Mas a verdade é outra: caros jovens, não viemos ao mundo para "vegetar", para passar os dias tranquilamente, para fazer da vida um sofá que nos adormente; ao contrário, viemos para outra coisa, para deixar uma marca. É muito triste passar pela vida sem deixar uma marca. Mas quando escolhemos o conforto, confundindo a felicidade com o consumo, então o preço que pagamos é muito, mas muito alto: perdemos a liberdade. Não somos livres para deixar uma marca. Perdemos a liberdade. Esse é o preço.

E há tantas pessoas que desejam que os jovens não sejam livres; há tantas pessoas que não gostam de vocês, que os querem aturdidos, embotados, adormecidos, mas nunca livres. Não, isso não! Devemos defender a nossa liberdade!

*Discurso*, 30 de julho de 2016

## O pecado da preguiça

O pecado da preguiça pode afetar todas as pessoas: é viver porque o oxigênio, o ar, é gratuito, é viver sempre olhando para os outros, que são mais felizes do que nós, viver na tristeza, esquecer da alegria. Em suma, é um pecado que paralisa, que nos transforma em paralíticos. Não nos deixa caminhar.

E até hoje Jesus nos diz: "Levante-se, aceite sua vida como ela é, bonita, feia, seja como for, aceite-a e vá em frente. Não tenha medo, vá em frente com sua maca". "Mas, Senhor, não é o último modelo..." Ora, vá em frente! Com aquela maca feia, se preciso, mas vá em frente! É a sua vida, é a sua alegria.

*Homilia na Capela da Casa Santa Marta,*
*28 de março de 2017*

## Opor-se ao vazio

Nunca pense que sua luta aqui na terra é totalmente inútil. No fim da existência não nos espera o naufrágio: em nós palpita uma semente de absoluto. Deus não decepciona: se colocou uma esperança em nossos corações, não quer sufocá-la com contínuas frustrações. Tudo nasce para florescer numa eterna primavera. Também Deus nos fez para florescer.

Lembro-me daquele diálogo, quando o carvalho pediu à amendoeira: "Fale-me de Deus". E a amendoeira floresceu.

Onde quer que esteja, construa! Se está no chão, levante-se! Nunca permaneça caído, levante-se, deixe-se ajudar para ficar de pé. Se está sentado, comece a caminhar! Se o tédio o paralisa, expulse-o com as boas obras!

Se se sentir vazio ou desanimado, peça que o Espírito Santo possa novamente preencher o seu vazio.

*Audiência geral*, 20 de setembro de 2017

## O banquete

Quando pensamos no fim, com todos os nossos pecados, com toda a nossa história, pensamos no banquete que gratuitamente nos será dado e levantamos a cabeça. Nada de depressão: esperança!

Mas a realidade é terrível: há tantos, tantos povos, cidades e pessoas, tantas pessoas que sofrem; tantas guerras, tanto ódio, tanta inveja, tanta mundanidade espiritual e tanta corrupção. Sim, é verdade! Tudo isso vai desaparecer!

Mas vamos pedir ao Senhor a graça de estar preparados para o banquete que nos aguarda, sempre de cabeça erguida.

*Homilia na Capela da Casa Santa Marta*, 27 de novembro de 2014

## "Levante-se e saia"

Elias teve medo. Precisamente ele, o vencedor, o grande, teve medo da Rainha Jezabel, mulher cruel e sem escrúpulos que queria matá-lo, e fugiu (1Rs 19,1-13). Um medo que o entristeceu. Tanto que Elias se pergunta o porquê: "Eu fiz tanto e no final é sempre a mesma história: fugir e defender-me dos idólatras". E assim parece que ele não consegue mais se reerguer: melhor a morte, e entra em profunda depressão. Jaz por terra, à sombra de uma árvore, e quer morrer; entra naquele sono que antecede a morte, aquele sono da depressão.

Mas eis que o Senhor envia o anjo para despertá-lo: "Levante-se! Coma um pouco de pão e de água". E Elias obedece, mas depois continua a dormir. O anjo volta uma segunda vez, convidando-o a se levantar novamente. E, assim que Elias se põe de pé, vem a outra palavra: "Saia!"

Portanto, para encontrar Deus, é necessário voltar à situação em que estava o homem no momento da criação: em pé e a caminho. Porque assim Deus nos criou: à sua altura, à sua imagem e semelhança, e a caminho. De fato, o Senhor diz: "Vá, siga adiante, cultive a terra, faça com que cresça, e multipliquem-se". E diz também: "Saia e vá ao monte e pare aos pés do monte à minha presença". Eis – narra o Livro dos Reis – que Elias se pôs de pé e, tendo-se colocado de pé, saiu.

No Evangelho, especialmente na parábola do filho pródigo, temos a mesma situação. É a realidade em que se encontra precisamente aquele filho, quando estava na depressão e via os porcos comendo enquanto ele tinha fome. Naquele momento, pensou em seu pai e disse consigo mesmo: "Vou me levantar e caminharei" para encontrar o pai. Voltam estas duas palavras: "levante-se" e "saia".

*Homilia na Capela da Casa Santa Marta,*
*10 de junho de 2016*

## Raízes secas

No Evangelho de João (5,1-16) conta-se a história do paralítico na piscina de Betezatá. Jesus, que conhecia o coração daquele homem e sabia que estava naquelas condições havia muito tempo, lhe disse: "Queres sarar?"

Antes de tudo, é preciso notar como é bonito que Jesus diga ao paralítico e, através dele, também aos homens de nossa época: "Queres sarar? Queres ser feliz? Queres melhorar tua vida? Queres estar repleto do Espírito Santo? Queres sarar?"

Diante de uma pergunta como aquela, todos os outros que estavam ali, doentes, cegos, coxos, paralíticos, diriam: "Sim, Senhor, sim!" Mas este parece um homem bem estranho, e respondeu a Jesus: "Senhor, não tenho ninguém que me faça mergulhar na piscina quando borbulham as águas. Quando chego, outro já desceu antes de mim!" Ou seja, a sua resposta é uma queixa: "Mas veja, Senhor, como a vida foi ruim e injusta comigo. Todos os outros podem ir e ficar curados, enquanto eu tento fazer isso há trinta e oito anos, mas..."

Este homem era como a árvore, estava perto da água, mas tinha as raízes secas, e aquelas raízes não chegavam até a água, não podia receber a saúde da água. Uma realidade que se compreende bem pela atitude, pelas queixas e por sua tentativa de sempre pôr a culpa no outro.

Aqui se descreve bem o pecado da preguiça, um pecado feio. Este homem estava doente não tanto pela paralisia, mas pela preguiça, que é pior que ter o coração morno, ainda pior. A preguiça é o viver por viver, é o não ter vontade de seguir adiante, não ter vontade de fazer nada na vida: é ter perdido a memória da alegria. Esse homem não conhecia a alegria nem pelo nome, a perdera totalmente.

Trata-se de uma doença ruim, que leva a se esconder atrás de justificativas do tipo: "Estou bem assim, já me acostumei... Mas a vida foi injusta comigo..."

Assim, por trás das palavras do paralítico, vemos o ressentimento, a amargura daquele coração. No entanto, Jesus não o recrimina, olha para ele e lhe diz: "Levanta-te, apanha teu leito e anda". E aquele homem tomou o seu leito e foi embora.

*Homilia na Capela da Casa Santa Marta,*
*28 de março de 2017*

## Anestesia espiritual

Tantos católicos não têm entusiasmo e estão amargurados, repetindo para si mesmos: "Vou à missa todos os domingos, mas é melhor não se misturar! Tenho fé para a minha saúde, mas não sinto necessidade de dá-la a outro: cada um em sua casa, tranquilo", até porque, se na vida você faz alguma coisa, depois o recriminam: é melhor não arriscar!

Precisamente essa é a doença da preguiça dos cristãos, uma atitude que é paralisante para o zelo apostólico e que faz dos cristãos pessoas firmes, tranquilas, mas não no bom sentido da palavra: pessoas que não se preocupam em sair para anunciar o Evangelho. Pessoas anestesiadas. Uma anestesia espiritual que leva à consideração negativa de que é melhor não se misturar para viver assim com aquela preguiça espiritual. E a preguiça é tristeza.

É o perfil de cristãos tristes que no fundo gostam de alimentar a tristeza até se tornar pessoas não luminosas e negativas. E esta é uma doença para nós cristãos; talvez não deixemos de ir à missa todos os domingos, mas também dizemos: "Por favor, não perturbe!"

Os cristãos sem zelo apostólico não servem e não fazem bem à Igreja. Infelizmente, hoje são tantos os cristãos egoístas que cometem o pecado da preguiça contra o zelo apostólico, contra a vontade de transmitir a novidade de Jesus aos outros; aquela novidade que recebi gratuitamente.

*Homilia na Capela da Casa Santa Marta*,
1º de abril de 2014

## Apatia

Creio que é preciso quebrar o círculo vicioso da angústia e deter a espiral do medo, fruto do hábito de concentrar a atenção nas "más notícias" (guerras, terrorismo, escândalos e todos os tipos de fracasso na história humana).

Certamente, não se trata de promover uma desinformação em que seria ignorado o drama do sofrimento, nem de cair num otimismo ingênuo que não se deixa abalar pelo escândalo do mal. Ao contrário, gostaria que todos procurássemos superar aquele sentimento de mau humor e de resignação que tantas vezes toma conta de nós, lançando-nos na apatia, gerando medos ou a impressão de que é impossível impor limites ao mal.

Aliás, num sistema de comunicações em que vale a lógica de que uma boa notícia não dá audiência e, portanto, não é uma notícia, e em que o drama da dor e o mistério do mal são facilmente transformados em espetáculo, podemos ser tentados a anestesiar a consciência ou a cair no desespero.

*Mensagem para o Dia Mundial das Comunicações Sociais,*
24 de janeiro de 2017

## A resignação dos consagrados

Que tentação nos pode vir de ambientes dominados muitas vezes pela violência, pela corrupção, pelo tráfico de drogas, pelo desprezo pela dignidade da pessoa, pela indiferença diante do sofrimento e da precariedade? Que tentação poderíamos ter, sempre de novo, nós, os chamados à vida consagrada, ao presbiterado, ao episcopado, diante desta realidade que parece ter se tornado um sistema irremovível?

Creio que podemos resumi-la com uma única palavra: resignação. E diante dessa realidade podemos ser derrotados por uma das armas preferidas do demônio: a resignação. "O que podemos fazer? A vida é assim!"

Uma resignação que nos paralisa, uma resignação que nos impede não apenas de caminhar, mas também de traçar um caminho; uma resignação que não apenas nos assusta, mas que nos entrincheira nas nossas "sacristias" e seguranças aparentes; uma resignação que não apenas nos impede de anunciar, mas que nos impede de louvar: tira de nós a alegria, a alegria do louvor. Uma resignação que não apenas nos impede de fazer planos, mas que nos refreia no momento de arriscar e transformar as coisas.

Por isso, Pai nosso, não nos deixeis cair na tentação.

Pai, papai, *abbà*, não nos deixeis cair na tentação da resignação, não nos deixeis cair na tentação da preguiça, não nos deixeis cair na tentação da perda da memória, não nos deixeis cair na tentação de nos esquecer dos nossos antepassados que, com sua vida, nos ensinaram a dizer: Pai nosso.

*Homilia*, 16 de fevereiro de 2016

## Não se render

"Depois do sábado, ao amanhecer do primeiro dia da semana, Maria Madalena e a outra Maria foram visitar o sepulcro" (Mt 28,1).

No rosto dessas mulheres podemos encontrar os rostos de tantas mães e avós, o rosto de crianças e jovens que suportam o peso e a dor de tanta injustiça desumana. Neles vemos refletidos os rostos de todos aqueles que, caminhando pela cidade, sentem a dor da miséria, a dor pela exploração e pelo tráfico humano. Neles também vemos os rostos dos que experimentam o desprezo porque são imigrantes, órfãos de pátria, de casa, de família; os rostos daqueles cujo olhar nos revela solidão e abandono por terem as mãos enrugadas demais.

Nos rostos dessas mulheres há muitos rostos, talvez encontremos também o teu rosto e o meu. Como elas, podemos nos sentir impelidos a caminhar, a não nos resignar com o fato de que as coisas devam terminar assim.

É verdade, trazemos dentro de nós uma promessa e a certeza da fidelidade de Deus. Mas também os nossos rostos falam de feridas, falam de tantas infidelidades – nossas e dos outros –, falam de tentativas e de batalhas perdidas.

Nosso coração sabe que as coisas podem ser diferentes, mas, quase sem nos dar conta, podemos nos acostumar a conviver com o sepulcro, a conviver com a frustração. Além disso, podemos chegar a nos convencer de que esta é a lei da vida, anestesiando-nos com fugas que não fazem senão apagar a esperança que Deus colocou em nossas mãos.

Assim são, tantas vezes, os nossos passos, assim é o nosso caminhar, como o dessas mulheres, um andar entre o desejo de Deus e uma triste resignação. Não morre apenas o Mestre: com Ele morre também a nossa esperança.

Com a Ressurreição, Cristo não apenas derrubou a pedra do sepulcro, mas quer também destruir todas as barreiras que nos encerram em nossos estéreis pessimismos, em nossos calculados mundos conceituais que nos afastam da vida, em nossas obsessivas buscas de segurança e em nossas desmedidas ambições capazes de brincar com a dignidade alheia.

Alegre-se, porque sua vida esconde uma semente de ressurreição, uma oferta de vida que espera o despertar.

*Homilia*, 15 de abril de 2017

## Globalização da indiferença

Quando estamos bem e numa situação confortável, geralmente nos esquecemos dos outros (uma coisa que Deus Pai nunca faz), não nos interessam os problemas deles, os sofrimentos e as injustiças que sofrem... então o nosso coração cai na indiferença: enquanto estou relativamente bem e confortável, esqueço-me dos outros que não estão bem.

Essa atitude egoísta, de indiferença, assumiu hoje uma dimensão mundial, a tal ponto que podemos falar de uma globalização da indiferença. Trata-se de um mal-estar que, como cristãos, temos de enfrentar.

A indiferença em relação ao próximo e a Deus é uma real tentação para nós cristãos.

A caridade de Deus que rompe aquele fechamento mortal em si mesmos que é a indiferença nos é oferecida pela Igreja com seu ensinamento e, sobretudo, com seu testemunho.

*Mensagem para a Quaresma 2015*,
4 de outubro de 2014

## Oração, caridade, conversão

Até como indivíduos temos a tentação da indiferença. Estamos saturados de notícias e de imagens perturbadoras que nos narram o sofrimento humano e ao mesmo tempo sentimos toda a nossa incapacidade de intervir. O que fazer para não se deixar absorver por esta espiral de terror e de impotência?

Em primeiro lugar, podemos rezar na comunhão da Igreja terrena e celeste. Não podemos subestimar a força da oração de tantos!

Em segundo lugar, podemos ajudar com gestos de caridade, alcançando tanto as pessoas próximas como as distantes, graças aos muitos organismos de caridade da Igreja.

E, em terceiro lugar, o sofrimento do outro constitui um chamado à conversão, porque a necessidade do irmão me lembra a fragilidade da minha vida, a minha dependência de Deus e dos irmãos. Se humildemente pedimos a graça de Deus e aceitamos os limites das nossas possibilidades, então confiaremos nas infinitas possibilidades que o amor de Deus tem de reserva. E poderemos resistir à tentação diabólica que nos faz acreditar que podemos nos salvar e salvar o mundo sozinhos.

*Mensagem para a Quaresma 2015*, 4 de outubro de 2014

## Deixemo-nos sacudir

Queridos irmãos, o Senhor nunca visa nos deprimir, por isso não nos detenhamos nas reprimendas, que, contudo, nascem do amor (cf. Ap 3,19) e ao amor conduzem. Deixemo-nos sacudir, purificar e consolar: "Lave o que está sujo, molhe o que está seco, cure o que está sangrando. Dobre o que é rígido, aqueça o que está gelado, endireite o que se desviou".

Pediram-nos ousadia para não nos habituarmos a situações que estão tão arraigadas a ponto de parecer normais ou insuperáveis. A profecia não exige dilacerações, mas escolhas corajosas, que são próprias de uma verdadeira comunidade eclesial: levam a se deixar "incomodar" pelos eventos e pelas pessoas e a mergulhar nas situações humanas, animados pelo espírito curativo das Bem-aventuranças.

Seguindo esse caminho, saberemos reformular as formas do nosso anúncio, que se irradia antes de tudo com a caridade. Movamo-nos com a confiança de quem sabe que também este tempo é um *kairós*, um tempo de graça habitado pelo Espírito do Ressuscitado: cabe a nós a responsabilidade de reconhecê-lo, acolhê-lo e segui-lo com docilidade.

*Discurso*, 22 de maio de 2017

## Dar sentido ao tempo

O Apóstolo João define o tempo presente de maneira precisa: "Chegou a última hora" (1Jo 2,18).

Com Jesus veio a "plenitude" do templo, plenitude de significado e plenitude de salvação. E não haverá uma nova revelação, mas a manifestação plena daquilo que Jesus já revelou. Nesse sentido, estamos na "última hora"; cada momento de nossa vida não é provisório, é definitivo, e cada uma de nossas ações está repleta de eternidade; de fato, a resposta que damos hoje a Deus que nos ama em Jesus Cristo repercute em nosso futuro.

A visão bíblica e cristã do tempo e da história não é cíclica, mas linear: é um caminho que se dirige para um cumprimento. Um ano que passou, portanto, não nos leva a uma realidade que termina, mas a uma realidade que se cumpre, é mais um passo rumo à meta que está à nossa frente: uma meta de esperança, uma meta de felicidade, porque encontraremos Deus, razão da nossa esperança e fonte da nossa alegria.

Enquanto o ano chega ao fim, recolhamos, como num cesto, os dias, as semanas, os meses que vivemos, para oferecer tudo ao Senhor. E perguntemo-nos corajosamente: como vivemos o tempo que Ele nos doou? Nós o usamos sobretudo para nós mesmos, para nossos interesses, ou soubemos gastá-lo também para os outros? Quanto tempo reservamos para estar com Deus, na oração, no silêncio, na adoração?

*Homilia*, 31 de dezembro de 2013

# Da fraqueza à força

*Quando chegamos ao fundo da nossa fraqueza, Cristo ressuscitado nos dá a força para nos reerguer.*

Twitter, *21 de abril de 2017*

## Fortes na fraqueza

Depois da ferida do pecado original, somos fracos, caímos nos pecados, não podemos continuar sem a ajuda do Senhor. Eis por que conhecer e confessar nossa fraqueza é realmente indispensável. De fato, quem se julga forte, quem se julga capaz de se virar sozinho, é no mínimo ingênuo e, ao final, continua a ser um homem derrotado pelas muitas fraquezas que traz em si. Por outro lado, precisamente a fraqueza nos leva a pedir ajuda ao Senhor, porque na nossa fraqueza nada podemos sem sua ajuda.

Portanto, não podemos dar um passo na vida cristã sem a ajuda do Senhor, porque somos fracos. E quem estiver de pé tome cuidado para não cair, porque é fraco, fraco também na fé.

Todos temos fé e todos queremos ir em frente na vida cristã. Mas, se não tivermos consciência da nossa fraqueza, acabaremos todos derrotados. Por isso é bonita aquela oração: "Senhor, sei que na minha fraqueza nada posso sem tua ajuda".

Comecemos a oração com a força do Espírito que reza em nós. Precisamos rezar assim, simplesmente, com o coração aberto na presença de Deus que é Pai e sabe de quais coisas necessitamos, sem que precisemos dizê-las.

Podemos rezar bem e dizer "Pai" a Deus apenas se nosso coração está em paz com os outros, com os irmãos. A quem se justifica dizendo: "Fulano me fez isto, sicrano me faz aquilo e aquilo...", a resposta é apenas uma: "Perdoe, perdoe, como Ele o perdoará!"

E assim, com a ajuda de Deus na oração, a fraqueza que temos se torna força, porque o perdão é uma grande força: precisamos ser fortes para perdoar, mas esta força é uma graça que devemos receber do Senhor porque nós somos fracos.

Na celebração da Eucaristia, também Ele se faz fraco por nós, se faz pão: Ele é a força. Ele reza por nós, se oferece ao Pai por nós. E Ele nos perdoa: aprendamos com Ele a força da confiança em Deus, a força da oração e a força do perdão.

*Homilia na Capela da Casa Santa Marta,*
*18 de junho de 2015*

## O segredo da felicidade

O segredo para ser muito felizes está em nos reconhecer sempre fracos e pecadores, ou seja, vasos de barro, aquele material pobre que, no entanto, pode conter até mesmo o maior tesouro: o poder de Deus que nos salva. Contudo, muitos cristãos são tentados a se maquiar para parecer vasos de ouro hipocritamente suficientes para si mesmos.

Irmãos, nós temos um tesouro – Cristo – em vasos de barro. Portanto, nós temos este tesouro de Cristo, mas na nossa fraqueza: nós somos barro. É um grande tesouro em vasos de barro: mas por que isso? A resposta de Paulo é clara: "Para compreendermos que este poder imenso pertence a Deus, e não a nós" (2Cor 4,7).

Eis, então, o poder de Deus, a força de Deus que salva, que cura, que põe de pé, e a fraqueza do barro, que somos nós. Com a consciência, porém, de que ninguém pode salvar a si mesmo: todos necessitamos do poder de Deus, do poder do Senhor, para ser salvos.

Todos nós somos vulneráveis, frágeis, fracos, e precisamos ser curados. Paulo o diz enfaticamente na sua carta aos Coríntios: "Estamos atribulados, estamos perturbados, somos perseguidos, abatidos como manifestação da nossa fraqueza" (v. 8-9). Eis a fraqueza de Paulo, manifestação do barro. E esta é a nossa vulnerabilidade: uma das coisas mais difíceis da vida é reconhecer a própria vulnerabilidade.

Às vezes procuramos esconder a vulnerabilidade, para que não a vejam; ou disfarçá-la, para que não a percebam; ou acabamos fingindo.

Mas há outra hipocrisia: o confronto conosco mesmos, ou seja, quando acredito que sou diferente do que realmente sou, penso que não preciso de cura, que não preciso de ajuda; acredito que não sou feito de barro, que tenho um tesouro "meu".

E esse é o caminho, é a estrada que leva à vaidade, à soberba, à autorreferencialidade dos que, não se sentindo barro, buscam a salvação, a plenitude, por si mesmos.

*Homilia na Capela da Casa Santa Marta,*
*16 de junho de 2017*

## A força de anunciar

O amor de Deus é dinâmico e quer chegar a todos. Assim, para anunciar, é preciso ir, sair de si mesmos. Com o Senhor não podemos ficar quietos, acomodados em nosso próprio mundo ou nas lembranças nostálgicas do passado; com Ele somos proibidos de nos embalar nas certezas adquiridas. Para Jesus, a segurança está em ir, com confiança: ali se revela a sua força. Porque o Senhor não aprecia as facilidades e as comodidades, mas incomoda e impulsiona sempre. Ele nos quer de saída, livres da tentação de nos contentar quando estamos bem e temos tudo sob controle.

Ir pelo mundo com o Senhor: esta é a nossa identidade. O cristão não está parado, mas a caminho: com o Senhor rumo aos outros. Mas o cristão não é um velocista que corre tresloucadamente ou um conquistador que precisa chegar antes dos outros. É um peregrino, um missionário, um "maratonista esperançoso": manso, mas decidido no caminhar; confiante e ao mesmo tempo ativo; criativo, mas sempre respeitoso; empreendedor e aberto; diligente e solidário. Com esse estilo percorremos as estradas do mundo!

Assim como para os discípulos das origens, nossos lugares de anúncio são as estradas do mundo: é sobretudo ali que o Senhor espera para ser conhecido hoje. Como nas origens, deseja que o anúncio seja levado não com a nossa, mas com a sua força: não com a força do mundo, mas com a força límpida e suave do testemunho jubiloso. E isso é urgente, irmãos e irmãs! Peçamos ao Senhor a graça de não nos fossilizar em questões não fundamentais, mas de nos dedicar plenamente à urgência da missão.

Deixemos aos outros os boatos e as falsas discussões de quem só ouve a si mesmo, e trabalhemos concretamente para o bem comum e para a paz; entremos em campo com coragem, convencidos de que há mais alegria em dar do que em receber. O Senhor ressuscitado e vivo, que sempre intercede por nós, seja a força do nosso ir, a coragem do nosso caminhar.

*Homilia*, 27 de maio de 2017

## Fracos, mas corajosos

Lot responde com lentidão ao convite do anjo que lhe diz para se apressar em deixar Sodoma antes que seja destruída (Gn 19,15-29). Na noite anterior, tinha ido à casa dos noivos das filhas para convencê-los a partir, mas quando chega o momento de fugir caminha lentamente, não se apressa. Lot queria ir embora, mas devagar, mesmo quando o anjo lhe diz para fugir. Esse convite se repete no texto inúmeras vezes. A atitude de Lot representa a incapacidade de se afastar do mal, do pecado. Nós queremos sair, estamos decididos; mas há algo que nos detém.

É muito difícil romper com uma situação pecaminosa. Mas a voz de Deus nos diz esta palavra: "Foge. Não podes lutar ali, porque o fogo, o enxofre, te matarão. Foge!"

O conselho do anjo é sábio: não olhar para trás. Ir adiante! Na oração antes da missa, pedimos ao Senhor a graça de não voltar a cair nas trevas do erro: "Senhor, não permita que voltemos a recair"; por isso, fugir nos ajudará.

Contudo, às vezes não basta superar toda nostalgia, porque há também a tentação da curiosidade. Foi o que aconteceu com a esposa de Lot. Assim, diante do pecado, temos de fugir sem nostalgia e lembrar que a curiosidade não é boa, faz mal. Fugir e não olhar para trás, porque todos somos fracos e temos de nos defender.

Portanto, diante do pecado, diante da nostalgia, do medo, é necessário olhar o Senhor, contemplá-lo, com aquela admiração tão boa de um novo encontro com Ele. "Senhor, eu tenho esta tentação, quero permanecer nesta situação de pecado. Senhor, tenho a curiosidade de saber como são essas coisas. Senhor, tenho medo...", mas depois os discípulos olharam para Ele: "Salva-nos, Senhor, estamos perdidos". E veio o assombro do novo encontro com Jesus. Não sejamos ingênuos, nem cristãos tíbios: sejamos valorosos, corajosos.

Sim, nós somos fracos, mas temos de ser corajosos na nossa fraqueza.

*Homilia na Capela da Casa Santa Marta,*
*2 de julho de 2013*

## A ajuda da graça

E o que somos nós? Somos poeira que aspira ao céu. Nossas forças são fracas, mas é poderoso o mistério da graça que está presente na vida dos cristãos. Somos fiéis a esta terra, que Jesus amou em cada instante de sua vida, mas sabemos e queremos ter esperança na transfiguração do mundo, no seu cumprimento definitivo, onde finalmente não haverá mais lágrimas, maldade e sofrimento.

Que o Senhor dê a todos nós a esperança de ser santos. Mas alguns de vocês poderão me perguntar: "Padre, é possível ser santo na vida todos os dias?" Sim, é possível. "Mas isso significa que temos de rezar o dia inteiro?" Não, significa que você deve fazer o seu dever todo o dia: rezar, ir ao trabalho, cuidar dos filhos. Mas é preciso fazer tudo com o coração aberto para Deus, de maneira que o trabalho, mesmo na doença e no sofrimento, mesmo nas dificuldades, seja aberto para Deus. E assim é possível se tornar santo.

Que o Senhor nos dê a esperança de ser santos. Não pensemos que é uma coisa difícil, que é mais fácil ser criminosos do que santos! Não. Podemos ser santos porque o Senhor nos ajuda; é Ele que nos ajuda.

*Audiência geral*, 21 de junho de 2017

## A presença de Maria

Maria não é uma mulher que se deprime diante das incertezas da vida, especialmente quando nada parece ir bem. Tampouco é uma mulher que protesta com violência, que se rebela contra o destino da vida que muitas vezes nos revela uma face hostil. Ao contrário, é uma mulher que escuta: não se esqueçam de que há sempre uma grande relação entre a esperança e a escuta, e Maria é uma mulher que escuta. Maria aceita a existência assim como ela se apresenta para nós, com seus dias felizes, mas também com suas tragédias que jamais gostaríamos de ter enfrentado. Até a noite suprema de Maria, quando seu Filho é pregado no madeiro da cruz.

Até aquele dia, Maria tinha quase desaparecido da trama dos evangelhos: os escritores sagrados deixam entender esse lento eclipsar-se da sua presença, o seu permanecer muda diante do mistério de um Filho que obedece ao Pai. Mas Maria reaparece precisamente no momento crucial: quando boa parte dos amigos se dispersaram por causa do medo.

As mães não traem, e naquele instante, aos pés da cruz, nenhum de nós pode dizer qual foi a paixão mais cruel: se a de um homem inocente que morre no patíbulo da cruz, ou a agonia de uma mãe que acompanha os últimos instantes da vida de seu filho. Os evangelhos são lacônicos, e extremamente discretos. Registram com um simples verbo a presença da Mãe: ela "estava" (Jo 19,15). Ela estava. Nada dizem de sua reação: se chorava, se não chorava... nada; nem sequer uma pincelada para descrever sua dor: a esses detalhes depois se dedicou a imaginação de poetas e de pintores, que nos deixaram imagens que passaram a fazer parte da história da arte e da literatura. Mas os evangelhos dizem apenas: ela "estava". Estava ali, no pior momento, no momento mais cruel, e sofria com o filho. "Estava."

*Audiência geral*, 10 de maio de 2017

## O irmão forte

Diz o Apóstolo Paulo: "Nós, que somos fortes, devemos suportar as fraquezas dos fracos e não buscar a nossa própria satisfação" (Rm 15,1). Essa expressão poderia parecer presunçosa, mas na lógica do Evangelho sabemos que não é assim, ou melhor, é justamente o contrário, porque a nossa força não vem de nós, mas do Senhor.

Quem experimenta na própria vida o amor fiel de Deus e a sua consolação é capaz, ou melhor, tem o dever de estar próximo dos irmãos mais fracos e assumir as fragilidades deles. Se estamos próximos do Senhor, teremos a força para estar próximos dos mais fracos, dos mais necessitados, consolando-os e dando-lhes forças. Esse é o seu significado.

Podemos fazer isso sem autocomplacência, mas sentindo-nos simplesmente como um "canal" que transmite os dons do Senhor; e assim nos tornamos concretamente "semeadores" de esperança. É isso que o Senhor nos pede, com aquela força e aquela capacidade de consolar e de ser semeadores de esperança. E hoje é preciso semear esperança, mas não é fácil...

O fruto desse estilo de vida não é uma comunidade em que alguns são de "série A", os fortes, e outros de "série B", os fracos. Ao contrário, como diz Paulo, o fruto é ter "sentimentos de harmonia, uns com os outros, a exemplo de Cristo Jesus" (Rm 15,5).

A Palavra de Deus alimenta uma esperança que se traduz concretamente em partilha, em serviço recíproco.

Porque até quem é forte cedo ou tarde experimenta a fragilidade e necessita do conforto dos outros; e, vice-versa, na fraqueza sempre se pode oferecer um sorriso ou uma mão ao irmão em dificuldades. E é uma comunidade assim que, "com um só coração e uma só boca, glorifica a Deus" (Rm 15,6).

Mas tudo isso só é possível se colocamos no centro Cristo e sua Palavra, porque Ele é "forte", Ele é aquele que nos dá a força, que nos dá a paciência, que nos dá a esperança, que nos dá a consolação. Ele é o "irmão forte" que cuida de cada um de nós: de fato, todos precisamos ser carregados nos ombros pelo Bom Pastor e nos sentir envoltos por seu olhar terno e atencioso.

*Audiência geral*, 22 de março de 2017

# Da violência à paz

*Queremos que nesta nossa sociedade, dilacerada por divisões e por conflitos, nasça a paz.*

Twitter, *3 de setembro de 2013*

## A revolução da não violência

A violência não é o remédio para o nosso mundo dilacerado. Na melhor das hipóteses, responder à violência com violência leva a migrações forçadas e a sofrimentos atrozes, porque grandes quantidades de recursos são destinadas a objetivos militares e subtraídas das exigências cotidianas dos jovens, das famílias em dificuldades, dos idosos, dos doentes, da grande maioria dos habitantes do mundo. No pior dos casos, pode levar à morte, física e espiritual, de muitos, senão de todos.

Jesus também viveu em tempos de violência. Ele ensinou que o verdadeiro campo de batalha, em que se enfrentam a violência e a paz, é o coração humano: "Porque é de dentro do coração do homem que saem as más intenções" (Mc 7,21). Mas, diante dessa realidade, a mensagem de Cristo oferece a resposta radicalmente positiva: Ele pregou incansavelmente o amor incondicional que acolhe e perdoa e ensinou seus discípulos a amar os inimigos (cf. Mt 5,44) e a oferecer a outra face (cf. Mt 5,39).

Quando impediu os que acusavam a adúltera de apedrejá-la (cf. Jo 8,1-11) e quando, na noite antes de morrer, disse a Pedro para recolocar a espada na bainha (cf. Mt 26,52), Jesus traçou o caminho da não violência, que percorreu até o fim, até a cruz, mediante a qual realizou a paz e destruiu a inimizade (cf. Ef 2,14-16).

Por isso, quem acolhe a Boa-nova de Jesus sabe reconhecer a violência que traz em si mesmo e se deixa curar pela misericórdia de Deus, tornando-se assim, por sua vez, instrumento de reconciliação, segundo a exortação de São Francisco de Assis: "A paz que anunciais com os lábios, conservai-a ainda mais abundante em vossos corações".

Ser verdadeiros discípulos de Jesus hoje significa aceitar também a sua proposta de não violência. O amor pelo inimigo constitui o núcleo da "revolução cristã".

*Mensagem para o L Dia Mundial da Paz*,
1º de janeiro de 2017

## Construir a paz

Se a origem de onde brota a violência é o coração dos homens, então é fundamental começar a percorrer o caminho da não violência no interior da família.

A família é o cadinho indispensável através do qual esposos, pais e filhos, irmãos e irmãs aprendem a se comunicar e a cuidar uns dos outros de maneira desinteressada, e onde os atritos ou até os conflitos devem ser superados não com a força, mas com o diálogo, o respeito, a busca do bem do outro, a misericórdia e o perdão.

Do interior da família a alegria do amor se propaga no mundo e se irradia para toda a sociedade. Por outro lado, uma ética de fraternidade e de coexistência pacífica entre as pessoas e entre os povos não pode basear-se na lógica do medo, da violência e do fechamento, mas na responsabilidade, no respeito e no diálogo sincero. Por isso as políticas de não violência devem começar entre as paredes de casa para depois se difundir para toda a família humana.

Todos desejamos a paz; tantas pessoas a constroem a cada dia com pequenos gestos e muitos sofrem e suportam pacientemente o esforço de tantas tentativas para construí-la.

Empenhemo-nos, com a oração e com a ação, em nos tornar pessoas que eliminaram a violência de seu coração, de suas palavras e de seus gestos, e em construir comunidades não violentas, que cuidem da casa comum. Nada é impossível se nos dirigimos a Deus na oração. Todos podemos ser artesãos da paz.

*Mensagem para o L Dia Mundial da Paz*,
1º de janeiro de 2017

## Da fraternidade à paz

A fraternidade é fundamento e caminho para a paz. Se consideramos a paz como *opus solidaritatis*, do mesmo modo, só podemos pensar que seu principal fundamento é a fraternidade.

A paz, afirma João Paulo II, é um bem indivisível. Ou é bem de todos ou não o é de ninguém. Ela pode ser realmente conquistada e usufruída, como melhor qualidade da vida e como desenvolvimento mais humano e sustentável, apenas se se cria, por parte de todos, uma determinação firme e perseverante de se empenhar pelo bem comum.

Isso implica não se deixar guiar pela "avidez do lucro" e pela "sede de poder". É preciso ter a disponibilidade de "perder-se" em favor do outro ao invés de explorá-lo, e de "servi-lo" ao invés de oprimi-lo em benefício próprio. O "outro" – pessoa, povo ou nação – não deve ser visto como um instrumento qualquer, para explorar a baixo preço a sua capacidade de trabalho e a resistência física, abandonando-o depois quando não é mais útil, mas como nosso "semelhante", uma "ajuda".

A solidariedade cristã pressupõe que o próximo seja amado não apenas como um ser humano com seus direitos e sua igualdade fundamental diante de todos, mas como imagem viva de Deus Pai, resgatada pelo sangue de Jesus Cristo e posta sob a ação permanente do Espírito Santo, como outro irmão.

"Então a consciência da paternidade comum de Deus, da fraternidade de todos os homens em Cristo, 'filhos no filho', da presença e da ação vivificante do Espírito Santo, conferirá – reitera João Paulo II – ao nosso olhar sobre o mundo como que um novo critério para interpretá-lo", para transformá-lo.

*Mensagem para o XLVII Dia Mundial da Paz*,
1º de janeiro de 2014

## O direito à paz

Muitos são os conflitos que se desenrolam na indiferença geral. A Igreja eleva a sua voz para fazer chegar aos responsáveis o grito de dor desta humanidade sofredora e para fazer cessar, junto com as hostilidades, todo abuso e violação dos direitos fundamentais do homem.

Por esse motivo, desejo dirigir um forte apelo a todos os que semeiam violência e morte com as armas: redescubram, naquele que hoje vocês consideram apenas um inimigo a eliminar, o seu irmão e detenham-se! Renunciem ao caminho das armas e vão ao encontro do outro com o diálogo, o perdão e a reconciliação para reconstruir a justiça, a confiança e a esperança ao seu redor!

É necessária uma conversão dos corações que permita que cada um reconheça no outro um irmão do qual cuidar e com ele trabalhar para, juntos, construírem uma vida em plenitude para todos.

Esse é o espírito que anima muitas das iniciativas da sociedade civil, incluindo as organizações religiosas, em favor da paz. Espero que o esforço cotidiano de todos continue a trazer frutos e que se possa também chegar à efetiva aplicação no direito internacional do direito à paz, como direito humano fundamental, precondição necessária para o exercício de todos os outros direitos.

*Mensagem para o XLVII Dia Mundial da Paz*,
1º de janeiro de 2014

## Sementes de paz

A aliança que Deus faz é forte, mas nós a recebemos e a aceitamos com debilidade. Deus faz a paz conosco, mas não é fácil preservar a paz: é um trabalho de todos os dias. Porque dentro de nós ainda existe aquela semente, aquele pecado original, o espírito de Caim que, por inveja, ciúme, ganância e vontade de dominação, faz a guerra.

Hoje no mundo há derramamento de sangue, hoje o mundo está em guerra: muitos irmãos e irmãs morrem, mesmo inocentes, porque os grandes e os poderosos querem uma porção a mais de terra, querem um pouco mais de poder ou querem ganhar um pouco mais com o tráfico de armas. Mas a palavra do Senhor é clara: "Do vosso sangue, ou seja, da vossa vida, eu pedirei contas; pedirei contas a todo ser vivo e pedirei contas da vida do homem ao homem, a cada irmão". Por isso, também a nós o Senhor pedirá contas do sangue dos nossos irmãos e irmãs que sofrem a guerra.

A guerra começa no coração do homem, começa em casa, nas famílias, entre amigos, e depois se expande para todo o mundo. Portanto, o que faço quando sinto surgir em meu coração algo voraz que deseja destruir a paz? Na família, no trabalho, no bairro, somos semeadores de paz?

Essa é uma pergunta crucial, porque a guerra começa aqui e termina lá. Sim, as notícias que vemos nos jornais ou nos telejornais: hoje tantos morrem e aquela semente de guerra que faz a inveja, o ciúme, a avidez do meu coração, é a mesma – crescida, transformada em árvore – da bomba que cai sobre um hospital, sobre uma escola, e mata as crianças, é a mesma! Porque realmente a declaração de guerra começa aqui, em cada um de nós.

Eis, portanto, a importância de fazer a si mesmos a pergunta: "Como preservo a paz no meu coração, no meu interior, na minha família?" Porque se trata não apenas de preservar a paz, mas também de construí-la com as mãos, artesanalmente, todos os dias. Assim conseguiremos construí-la no mundo inteiro.

*Homilia na Capela da Casa Santa Marta*,
16 de fevereiro de 2017

## A guerra acabou!

Quando eu era criança, com cinco anos, lembro-me que começou a soar o alarme dos bombeiros, depois dos jornais e na cidade. E isso visava chamar a atenção para um fato, uma tragédia ou alguma outra coisa. E logo ouvi a vizinha chamando minha mãe: "Dona Regina, venha, venha, venha!" E minha mãe saiu, um pouco assustada: "O que aconteceu?" E, do outro lado do jardim, aquela mulher dizia: "A guerra acabou!", e chorava. E vi essas duas mulheres se abraçarem, se beijarem, chorarem juntas, porque a guerra terminara.

*Homilia na Capela da Casa Santa Marta*,
16 de fevereiro de 2017

## Promotores da paz

A guerra significa crianças, mulheres e idosos nos campos de refugiados; significa deslocamentos forçados;

significa casas, estradas, fábricas destruídas; significa sobretudo tantas vidas destroçadas.

No interior desse clima de guerra, como um raio de sol que atravessa as nuvens, ecoa a palavra de Jesus no Evangelho: "Felizes os promotores da paz" (Mt 5,9).

É um apelo sempre atual, que vale para todas as gerações. Não diz "Felizes os pregadores da paz": todos são capazes de proclamá-la, até de maneira hipócrita ou mesmo mentirosa. Não. Diz: "Felizes os promotores da paz", ou seja, os que a promovem.

Promover a paz é um trabalho artesanal: exige paixão, paciência, experiência, tenacidade. Felizes são aqueles que semeiam a paz com suas ações cotidianas, com atitudes e gestos de serviço, de fraternidade, de diálogo, de misericórdia... Estes sim, "serão chamados filhos de Deus", porque Deus semeia paz, sempre, em toda a parte; na plenitude dos tempos semeou no mundo o seu Filho para que tivéssemos a paz! Promover a paz é um trabalho a ser empreendido todos os dias, passo a passo, sem se cansar jamais.

E como se faz, como se constrói a paz? Foi o que nos lembrou, de maneira essencial, o Profeta Isaías: "Praticar a justiça trará a paz" (32,17).

A paz é obra da justiça. Aqui também: não uma justiça declamada, teorizada, planejada... mas a justiça praticada, vivida.

A paz é dom de Deus, não em sentido mágico, mas porque Ele, com seu Espírito, pode imprimir estas atitudes em nossos corações e em nossa carne, e fazer de nós verdadeiros instrumentos de sua paz.

*Homilia*, 6 de junho de 2015

## Paz e alegria

A paz é, antes de tudo, a ausência de guerras, mas também a presença da alegria, da amizade entre todos, para que a cada dia se dê um passo a mais rumo à justiça, para que não existam crianças com fome, para que não haja crianças doentes que não tenham a possibilidade de ser ajudadas na saúde... Fazer tudo isso é promover a paz.

A paz é um trabalho, não é ficar tranquilos... Não, não! A verdadeira paz é trabalhar para que todos tenham a solução para os problemas, para as necessidades, que têm em sua terra, em sua pátria, em sua família, em sua sociedade. Assim se faz a paz – como eu disse – "artesanal".

*Discurso às crianças*, 11 de maio de 2015

# Da aparência à verdade

*Se o coração não mudar, a aparência não serve para nada.*

Homilia na Capela da Casa Santa Marta, *14 de outubro de 2014*

## Espiritualidade da cosmética

Jesus condena as pessoas de boas maneiras, mas com maus hábitos, porque uma coisa é parecer bons e bonitos, outra coisa é a verdade interior. Do mesmo modo, não adianta se ater exclusivamente à letra da lei, porque a lei sozinha não salva. A lei salva quando nos leva à fonte da salvação.

Jesus condena firmemente a segurança que os fariseus tinham no cumprimento da lei, condena essa espiritualidade da cosmética.

A referência é às pessoas que gostavam de passear pelas praças, fazer com que fossem vistas enquanto rezavam e maquiar-se com os sinais do jejum. Por que o Senhor é assim: O Evangelho usa para as ações dos fariseus duas palavras diferentes, mas vinculadas: "ambição e maldade". E essa maldade está muito ligada ao dinheiro.

Os fariseus de que fala Jesus julgavam-se bons porque faziam tudo o que a lei mandava fazer. Mas a lei por si só não salva. A lei salva quando nos leva à fonte da salvação, quando prepara o nosso coração para receber a verdadeira salvação que vem da fé.

É o mesmo conceito que se encontra na carta em que Paulo discute com os gálatas (Gl 5,1-6) porque eles estavam muito apegados à lei, temiam a fé e tinham retornado às prescrições da lei relativas à circuncisão.

Palavras que são bem adequadas também para a nossa realidade cotidiana, porque a fé não é apenas recitar o Credo: todos acreditamos no Pai, no Filho e no Espírito Santo, na vida eterna... Mas se nossa fé é imóvel e inoperante, então não serve para nada.

*Homilia na Capela da Casa Santa Marta,*
*14 de outubro de 2014*

## A escravidão da aparência

O Primeiro Livro de Samuel (16,1-13) nos diz como o Rei Davi foi eleito. O Senhor replicou a Samuel: "Não te impressiones com sua aparência nem com sua estatura, pois este eu excluí. Não é como os homens veem que Deus vê, pois o homem vê a aparência; o Senhor, porém, vê o coração!" Eis, portanto, a primeira lição: tantas vezes nós somos escravos das aparências, escravos das coisas que se destacam e nos deixamos levar por essas coisas. Mas o Senhor sabe a verdade.

A narrativa continua, passam os sete filhos de Jessé e o Senhor não escolhe ninguém, tanto que Samuel pergunta a Jessé se ele tinha apresentado todos os filhos. E Jessé revela que, na verdade, há um, o pequeno, que não conta, que agora está pastoreando o rebanho.

De novo, o contraste entre aparência e verdade: aos olhos dos homens, esse rapazinho não contava. Então, quando o rapaz chega, o Senhor disse a Samuel: "Anda, dá-lhe a unção: é ele!" Contudo, era o menor, aquele que aos olhos do pai não contava e não porque o pai não o amasse, mas porque pensava: "Como Deus escolherá este rapazinho?"

Não considerava que o homem vê a aparência, mas o Senhor vê o coração. Assim, Samuel tomou o chifre de óleo e o ungiu no meio de seus irmãos. E o Espírito do Senhor se apoderou de Davi, e desde aquele dia toda a sua vida foi a vida de um homem ungido pelo Senhor, eleito pelo Senhor.

*Homilia na Capela da Casa Santa Marta,*
*19 de janeiro de 2016*

## A verdadeira vida

Com o Salmo 139 (23-24), rezamos: "Ó Senhor, prescruta-me e conhece o meu coração; prova-me e conhece meus pensamentos. Vê, portanto, se eu enveredo pelo caminho da mentira, e conduze-me pelo caminho da vida". Porque podemos percorrer uma vida de mentira, de aparências: parece uma coisa e na verdade é outra. Precisamente por isso, peçamos ao Senhor que perscrute a verdade da nossa vida: se percorro uma vida de mentira, que me leve para o caminho da vida, da verdadeira vida.

Essa oração está em harmonia com o que diz o Profeta Jeremias (17,5-10) ao apresentar estas duas opções que são pilares de vida: "Maldito o homem que confia no homem; bendito o homem que confia no Senhor".

De um lado está o homem que confia no homem, põe seu apoio na carne, ou seja, nas coisas que pode gerir, na vaidade, no orgulho, nas riquezas, em si mesmo, e se sente como se fosse um deus, afastando o seu coração do Senhor. Precisamente desse afastamento do Senhor "não verá a vinda do bem", escreve o Profeta Jeremias. E o homem "será como um arbusto solitário na estepe", ou seja, sem fruto, não será fecundo: tudo termina com ele, não deixará vida, aquela vida se encerra com a própria morte, porque a sua confiança estava em si mesmo.

Ao contrário, "bendito o homem que confia no Senhor e no Senhor põe a sua confiança". De fato, aquele homem confia no Senhor, se apega ao Senhor, se deixa conduzir pelo Senhor.

Quem confia no Senhor, escreve Jeremias, será "como árvore plantada à beira d'água: estende suas raízes à corrente, não teme o calor". Numa palavra, será fecundo. Enquanto aquele que confia em si mesmo será "como um arbusto solitário na estepe", estéril.

Assim, esta opção entre essas duas formas de vida, que se tornam dois pilares de vida, vem do coração: a fecundidade do homem que confia no Senhor e a esterilidade do homem que confia em si mesmo, nas suas coisas, no seu mundo, nas suas fantasias ou também nas suas riquezas, em seu poder.

*Homilia na Capela da Casa Santa Marta,*
*16 de março de 2017*

## Os biscoitos da avó

Lembro-me que no carnaval, quando éramos crianças, nossa avó nos preparava biscoitos, com uma massa muito leve. Depois a fritava no óleo, e aquela massa inchava cada vez mais e, quando começávamos a comê-la, estava vazia.

Aqueles biscoitos são popularmente conhecidos como "mentirinhas". E nossa avó nos explicava o motivo daquele nome: estes biscoitos são como as mentiras: parecem grandes, mas não têm nada dentro, não há nada de verdade ali; não há nada de substância.

Jesus, portanto, nos adverte: "Cuidado com o fermento ruim, o dos fariseus". E aquele fermento é a hipocrisia. Por isso o convite do Senhor é de nos precaver contra o fermento dos fariseus, que é a hipocrisia.

Aliás, tantas vezes Jesus diz "hipócritas, hipócritas" aos fariseus, aos doutores da lei. Mas, na realidade, o que é esse fermento ruim, o que é a hipocrisia?

O cristão não deve ser como os biscoitos da avó, chamados de "mentirinhas" precisamente por serem bonitos e grandes por fora, mas vazios e sem substância por dentro. É uma divisão interna, se diz uma coisa e se faz outra: é uma espécie de esquizofrenia espiritual.

O hipócrita é um nominalista, julga que basta dizer para resolver tudo. Além disso, o hipócrita é incapaz de acusar a si mesmo: nunca encontra uma mancha em si mesmo; acusa os outros. Pensemos no cisco e na trave.

É importante perguntar a si mesmo: "Como eu cresço? Cresço com o fermento velho que não serve para nada? Cresço como os biscoitos de minha avó, vazio, sem substância, ou cresço com o fermento novo, o que faz o Reino dos Céus, que faz crescer o Reino dos Céus? Como é o meu fermento?" Em outras palavras: "Com que espírito faço as coisas? Com que espírito rezo? Com que espírito me dirijo aos outros? Com o espírito que constrói ou com o espírito que se transforma em ar?"

*Homilia na Capela da Casa Santa Marta*,
14 de outubro de 2016

## Verdade e justiça

A verdade é uma companheira inseparável da justiça e da misericórdia. As três unidas são essenciais para construir a paz e, por outro lado, cada uma delas impede que as outras sejam alteradas e se transformem em instrumentos de vingança contra os mais fracos.

De fato, a verdade não deve conduzir à vingança, e sim à reconciliação e ao perdão. Verdade é contar às famílias destruídas pela dor o que aconteceu com seus parentes desaparecidos. Verdade é confessar o que aconteceu com os menores recrutados pelos agentes de violência. Verdade é reconhecer a dor das mulheres vítimas de violência e de abusos. Não temam a verdade nem a justiça. Não tenham medo de pedir e de oferecer o perdão. Não se oponham à reconciliação que os leva a se aproximar uns dos outros, a se reencontrar como irmãos e a superar as inimizades.

É hora de sanar feridas, de lançar pontes, de aparar as diferenças. É hora de acabar com os ódios, de renunciar às vinganças e de se abrir para a convivência baseada na justiça, na verdade e na criação de uma autêntica cultura do encontro fraterno. Que possamos habitar em harmonia em fraternidade, como deseja o Senhor!

Peçamos a Ele para sermos construtores de paz; que onde houver ódio e ressentimento, possamos levar amor e misericórdia.

*Discurso*, 8 de setembro de 2017

## A coragem da verdade

Tenha sempre a coragem da verdade, mas lembre-se: você não é superior a ninguém. Lembre-se disto: você não é superior a ninguém.

Mesmo que você tivesse sido o último a acreditar na verdade, não fuja da companhia dos homens por causa disso. Mesmo que você vivesse no silêncio de um eremitério, traga no coração os sofrimentos de cada criatura. Você é cristão e, na oração, entregue tudo a Deus.

E cultive ideais. Viva por alguma coisa que supere o homem. E se um dia esses ideais exigirem de você um preço alto a pagar, nunca deixe de levá-los em seu coração. A fidelidade obtém tudo.

*Audiência geral*, 20 de setembro de 2017

## Espírito de verdade

Jesus diz que, quando vier o Paráclito, o Espírito da verdade, Ele dará testemunho. E depois, sempre no mesmo discurso, afirma ainda: "Tenho ainda muitas coisas a vos dizer, mas não podeis compreender agora. Quando o Paráclito, o Espírito da verdade, vier, vos conduzirá à verdade completa" (Jo 16,12-13). Em suma, Jesus nos fala do futuro, da cruz que nos espera, e nos fala do Espírito, que nos prepara para dar o testemunho cristão. Aliás, nestes dias, a Igreja nos leva a refletir tanto sobre o Espírito Santo: Jesus diz que o Espírito Santo que virá, que Ele enviará, "nos guiará para a verdade plena, ou seja, nos ensinará as coisas que eu ainda não ensinei", essas coisas que Ele deve dizer e que eles, os discípulos, ainda não são capazes de suportar.

Por outro lado, o Senhor afirma também que "o Espírito vos fará lembrar das coisas que eu disse e que com a vida caíram no esquecimento". Eis, portanto, o que faz o Espírito: nos faz lembrar as palavras de Jesus e nos ensina as coisas que Jesus ainda não pôde nos dizer, porque não éramos capazes de compreender o seu alcance.

Assim, a vida da Igreja é um caminho guiado pelo Espírito que nos lembra e nos ensina, que nos leva à verdade completa. E esse Espírito, que é companheiro de caminhada, nos defende também do escândalo da cruz.

*Homilia na Capela da Casa Santa Marta*,
11 de maio de 2015

## Sepulcros caiados

No Evangelho de Lucas (11,37-41) lemos que Jesus repreende um fariseu, um doutor da lei. Repreende-o porque esse fariseu convida Jesus para jantar e Jesus não faz as abluções, ou seja, não lava as mãos: não cumpre, portanto, aquelas práticas que eram costume na lei antiga.

Diante de certas queixas, o Senhor afirma: "Vós, fariseus, limpais o exterior do copo e do prato, mas vosso interior está cheio de cobiça e maldade". Um conceito que Jesus repete várias vezes no Evangelho, admoestando certas pessoas com palavras claras: "Vosso interior é mau, não é justo, não é livre. Sois escravos porque não aceitastes a justiça que provém de Deus". Que é a justiça que Jesus nos deu.

Em outra passagem, lemos que Jesus, depois de ter exortado à oração, ensina também como se deve fazer: "em teu quarto, onde ninguém te vê, de modo que só o teu Pai te veja". O convite, portanto, é para não rezar para aparecer, para se fazer ver, como fazia o fariseu que diante do altar do templo dizia: "Dou-te graças, Senhor, porque não sou pecador". Os que agiam assim eram atrevidos e não tinham vergonha.

É uma liberdade interior, que leva a fazer o bem às escondidas, sem alarde; de fato, o caminho da verdadeira religião é o mesmo caminho de Jesus: a humildade, a humilhação. Tanto que Jesus humilhou a si mesmo, esvaziou a si mesmo.

Por outro lado, em contraposição a esse modelo, temos a atitude daqueles que Jesus recrimina: pessoas que seguem a religião da maquiagem: a aparência, o aparecer, fazer de conta que se é, mas por dentro... Para eles Jesus usa uma imagem muito forte: "Sois semelhantes a sepulcros caiados, por fora com bela aparência, mas por dentro cheios de ossos dos mortos e toda espécie de podridão". Ao contrário, Jesus nos chama, nos convida a fazer o bem com humildade.

Peçamos ao Senhor que não nos cansemos de seguir este caminho, que não nos cansemos de rejeitar essa religião do aparecer, do parecer, do fazer de conta...

Ao contrário, o compromisso deve ser o de proceder silenciosamente, fazendo o bem, gratuitamente, assim como gratuitamente nós recebemos a nossa liberdade interior.

*Homilia na Capela da Casa Santa Marta,*
11 de outubro de 2016

Conecte-se conosco:

**f** facebook.com/editoravozes

[◯] @editoravozes

𝕏 @editora_vozes

▶ youtube.com/editoravozes

🟢 +55 24 2233-9033

www.vozes.com.br

Conheça nossas lojas:

www.livrariavozes.com.br

Belo Horizonte – Brasília – Campinas – Cuiabá – Curitiba
Fortaleza – Juiz de Fora – Petrópolis – Recife – São Paulo

**EDITORA VOZES LTDA.**
Rua Frei Luís, 100 – Centro – Cep 25689-900 – Petrópolis, RJ
Tel.: (24) 2233-9000 – E-mail: vendas@vozes.com.br